AF337405

# LE SOCIALISME

## PRATIQUE

OU

## LE TRAVAIL ET LE CAPITAL EN PARTICIPATION

PAR

## CARLOD

ANCIEN PRÉSIDENT DU CONSEIL MUNICIPAL DE LYON
ET DU DENIER DES ÉCOLES
(Société d'encouragement à l'Enseignement communal laïque)

---

**Prix : 1 Franc**

---

EN VENTE A LYON

CHEZ TOUS LES LIBRAIRES ET CHEZ L'AUTEUR

24, place de la Croix-Rousse, 24

---

1880

# LE SOCIALISME PRATIQUE

OU

## LE TRAVAIL ET LE CAPITAL EN PARTICIPATION

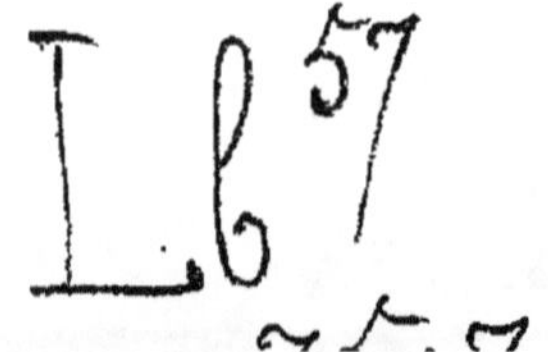

# LE SOCIALISME

## PRATIQUE

OU

## LE TRAVAIL ET LE CAPITAL EN PARTICIPATION

PAR

# CARLOD

ANCIEN PRÉSIDENT DU CONSEIL MUNICIPAL DE LYON
ET DU DENIER DES ÉCOLES
(Société d'encouragement à l'Enseignement communal laïque)

**Prix : 1 Franc**

EN VENTE A LYON

CHEZ TOUS LES LIBRAIRES ET CHEZ L'AUTEUR
24, place de la Croix-Rousse, 24

1880

# I. — LA SOCIÉTÉ EN FORMATION.

Dans toutes sociétés qui se fondent, le besoin qui se fait le plus immédiatement, le plus impérieusement sentir est celui de produire; si c'est une société civile, il faut qu'elle produise, pour satisfaire à ses besoins matériels d'abord, à ses besoins intellectuels ensuite ; si c'est une société commerciale, elle veut produire pour assurer son existence et pour faire des bénéfices, c'est-à-dire pour accumuler et enrichir ses membres.

Ce fait est inévitable, universel; de plus il est légitime, car il est consenti par tous; par conséquent produire pour consommer, produire pour accumuler, sont des actes également légitimes, nécessaires et inévitables,

Comment ce qui est nécessaire, inévitable, peut-il produire des abus et soulever ce sentiment de réprobation de la part des déshérités de la fortune, qui en fait presque des ennemis de ceux qui possèdent !

Le but de ce travail est de rechercher les causes qui ont pu amener un tel résultat, et d'indiquer ce qui nous paraît, dans l'état actuel de la science sociale, le plus propre à le faire disparaître.

Le sentiment de conservation veut que nous consommions, et le sentiment de prévoyance veut que nous accumulions; consommer une partie de nos produits et mettre en réserve l'autre partie pour parer aux éventualités de la maladie, de la vieillesse et des chômages, son des actes de prévoyance inattaquables au point de vue du droit et de la justice; il n'y a que l'envieux, l'impuissant ou l'mprévoyant qui puissent les blâmer; mais, comme de sa nature l'homme est généralement insatiable, du moment qu'il a pu légitimement posséder, il a voulu posséder toutes choses et par tous les moyens en son pouvoir : la force, la ruse, l'intelligence ont été mises en œuvre pour satisfaire cette soif de la possession. Il n'a point connu de limites à son ambition, et quand, après avoir accumulé une partie de son travail, l'ambitieux, s'adressant à son semblable moins prévoyant que lui, lui dit : « Tu es dans la détresse et dans l'impossibilité de vivre convenablement; ta gêne est continuelle et ta famille en souffre; plus heureux que toi, j'ai fait des réserves, je puis satisfaire à tes besoins présents, et cela, sous la condition que, dans l'avenir, je prélèverai sur ton produit une part pour me rembourser de mes avances. » Cette offre, qui ne pouvait être refusée et qui honorait

celui qui la faisait, fut le commencement de l'asservisse-
ment de l'homme à l'homme, du travail au capital ; car,
à mesure que l'emprunteur remboursait les emprunts qu'il
avait faits, il diminuait ses moyens d'accumuler pour son
compte, et il augmentait dans une proportion double
ceux de son prêteur, en sorte que l'un vivait toujours
pauvre et dans une gêne continuelle, tandis que l'autre
grossissait sans cesse son avoir et vivait dans l'abondance,
tout en ralentissant son travail.

C'est alors que le désir vient à ce dernier de ne plus travailler du tout, car il y avait autour de lui beaucoup d'individus qui étaient dans la même position que son premier
emprunteur ; et, pour atteindre son but, il leur offrit ses
services, qu'ils acceptèrent avec empressement, n'en prévoyant pas les conséquences. De ce moment, son capital,
sa machine à exploitation fut créée, car il eut soin de prélever un peu plus que le remboursement intégral de son prêt,
c'est-à-dire que s'il avait prêté 10, il exigeait qu'on lui
rendît 11, et on lui accordait d'autant plus volontiers cette
différence, qu'on espérait moins pouvoir se passer de ses
services. Du reste, cette légère aubaine n'était-elle pas justifiée par l'usure de l'objet prêté, par la privation qu'il s'im-
posait en le prêtant, par le risque qu'il courait qu'il ne lui
fût pas rendu, ou rendu détérioré ; cette détérioration, cette
usure, ce risque n'étant appréciables que par le prêteur, il
fallait bien accepter ses conditions ou renoncer à ses services. Aussi, le prêt avec intérêt, avec usure, avec garantie,
passa bientôt dans l'usage et fut considéré comme nécessaire et conforme à la plus stricte équité ; ce ne fut pas le

prêteur qui rechercha l'emprunteur, ce fut l'emprunteur qui
sollicita le prêteur, lui offrit des conditions plus avanta-
geuses, et les demandes se multiplièrent tellement, que son
capital devint insuffisant. Pour le grossir, il augmenta l'intérêt de son prêt, qui atteignit bientôt un taux exorbitant.
Ce n'était plus le dixième qu'il exigeait pour prêter, mais le
quart, la moitié, le double de la somme prêtée, et cela pour
un temps quelquefois très court : l'emprunteur était à la
merci du prêteur.

## II. — FORMATION DU CAPITAL

D'une part, une prise de possession toujours plus complète, toujours plus absolue, et, de l'autre, pauvreté, esclavage, révolte; d'une part, le possesseur qui ne veut point abandonner ce qu'il considère comme son droit, de l'autre, le producteur qui ne sait pas déterminer le sien.

Dans ce duel permanent, le pauvre devait succomber, puisqu'il n'avait pas la notion exacte de son droit, et que le riche, voulant établir le sien, eût recours à la ruse et à la force.

Il faut bien le reconnaître, la ruse se revêt avec tant d'art des apparences de la justice, et la force est si persuasive, qu'entre elles deux elles triomphent facilement du droit.

Cette situation ne laissa plus de loisir au dépossédé ; il

fallait qu'il travaillât sans cesse pour vivre et pour satisfaire à la rapacité du prêteur ; s'il ne voulut payer de sa liberté il fallut payer de ses sueurs et de son sang.

N'ayant plus de loisir pour penser et s'instruire, comment aurait-il pu conserver la notion exacte de son droit, résister au prêteur, organiser cette résistance : il avait presque perdu le sentiment de ce droit, et même de son individualité ; le travail absorbant tout son être, plié par la nécessité à la volonté d'un maître, il lui donna des enfants qui, en naissant dans cette condition, n'entrevoyaient pas le moyen d'en sortir, et crurent, sans trop d'efforts, à l'inégalité de naissance, à la supériorité du maître et à leur infériorité native. Pour l'asservi, il se fit une nuit profonde. Voué à l'ignorance et à la superstition, les plaisirs grossiers, les satisfactions bestiales devinrent ses distractions, tandis que les jouissances morales et intellectuelles restèrent le lot exclusif du riche. Telles sont les causes d'une situation qui persiste depuis des siècles, et qui semble sans issue. Continuons donc à suivre l'évolution sociale, et peut-être surgira-t-il quelques indices pour nous guider vers la solution que nous cherchons.

## III. — LE SACERDOCE

Profitant de l'ignorance et de la crédulité de son adver-
saire, le riche, prévoyant ses revendications si un jour il
était mieux inspiré, chercha à assurer sa domination par la
persuasion : il créa le sacerdoce. Les prêtres firent parler
les dieux, et, par d'adroits subterfuges, ils les firent intervenir dans les affaires des hommes. Dès lors il n'y eut plus
de limite à l'abus, la duplicité fut complète, quand il fut
érigé en droit par la divinité ; et les prêtres, tout en consacrant la dépossession des pauvres au profit des riches, surent
en même temps se rendre intéressants aux dépossédés, car
ils déclarèrent qu'étant les interprètes du ciel sur la terre,
ils renonçaient aux biens de ce monde, attendant la récom-
pense de leur dévouement dans l'autre ! Cette similitude

apparente entre eux et les pauvres leur acquit leur confiance. Cette duperie fut sans limite, car le pauvre, en considérant sa détresse et l'opulence du riche, n'eut pas trop de peine à croire qu'il était d'une nature inférieure à celle du riche.

Il devint vassal, esclave, et cette vassalité fut consacrée par la divinité, ou plus exactement par ceux qui se disaient les représentants de Dieu sur la terre. C'est ainsi qu'en passant par la bouche des prêtres, on créa une doctrine, un droit civil, contraires au droit naturel.

Ce n'était pas suffisant : il fallait faire durer cette monstruosité. Les riches se donnèrent des marques de distinction, des titres de noblesse, et se persuadèrent qu'ils étaient d'une nature supérieure à celle de leurs esclaves; ils poussèrent la démence si loin qu'ils négligèrent le travail et l'étude qui leur avaient donné la domination et une apparente supériorité sur leurs semblables. Ils n'eurent plus qu'une pensée : exploiter leur troupeau humain comme s'il se fut composé d'animaux.

L'extrême misère de ces hommes esclaves les poussa souvent à la révolte, et comme ils étaient de beaucoup les plus nombreux, ils eussent certainement triomphé si on eut complété le système de compression morale par un système de compression physique, en organisant la force publique, c'est-à-dire des hommes spécialement chargés de faire l'ordre matériel, tout en maintenant les uns dans l'opulence et les autres dans l'esclavage. Les nobles en furent les chefs naturels et les prêtres les inspirateurs. L'armée fut créée.

# IV. — L'ARMÉE

Mais comme le métier de soldat était encore trop pénible pour des gens habitués à ne rien faire, on tira de la classe des esclaves les plus robustes ; en améliorant leur situation, on en fit des instruments de domination.

Plus les nobles, les prêtres et les soldats se multipliaient, plus la vie devenait pénible pour ceux qui étaient chargés de produire pour tout le corps social ; les produits étaient absorbés par ceux qui s'étaient donné la mission de ne rien faire. On avait produit l'abondance pour les oisifs et l'indigence pour les travailleurs ; l'immense majorité d'une nation était livrée à une fraction, fortement organisée, et dont les membres, liés par un intérêt commun, semblaient inattaquables dans leurs priviléges. Qu'auraient pu faire des

hommes ignorants, divisés, désarmés, constamment sur-
veillés et brisés à la moindre résistance, et, de plus, dominés
par ce sentiment qui leur était inoculé par les prêtres,
chaque jour, à toute heure : que si Dieu leur avait fait
une part bien mince dans ce monde, il leur réservait dans
l'autre des compensations infinies, éternelles, telles que les
biens de la terre, en comparaison de ceux du ciel, n'étaient
que misère. Tout était prévu : à la révolte morale on
opposait le prêtre ; à la révolte matérielle on opposait le
soldat.

## V. — ESCLAVAGE, NOBLESSE, CLERGÉ

A l'esclavage causé par l'usure vient s'ajouter l'esclavage causé par la guerre.

Les rivalités pour la possession des territoires amenèrent les conflits; peuplades et nations se déchirèrent entre elles; et ceux qui avaient su exploiter la paix surent exploiter la guerre; ce qui était un moyen de destruction devient un instrument de domination. Tout prisonnier devenait esclave s'il ne se rachetait, et comme les riches seuls pouvaient se racheter, c'étaient encore les pauvres, devenus soldats, qui payaient de leur indépendance l'ambition des riches.

Cet état de choses portait en lui-même des germes de destruction. Le peuple, complètement annihilé, réduit en esclavage, ne comptait plus dans la nation; il ne restait plus en présence que deux castes : le clergé et la noblesse ; l'une voulant dominer l'autre, mais toujours d'accord quand il s'agissait d'écraser la plèbe. Cette domination des improductifs sur les producteurs devait amener la désorganisation sociale ; car cette masse d'esclaves, désintéressée de la fortune publique et privée, n'apporta, en activité physique et morale, que ce qu'elle ne pouvait pas dérober à ses maîtres ; et d'un autre côté, les maîtres, employant toute leur intelligence et toute leur énergie à exploiter leur troupeau humain, les arts et l'industrie furent négligés, le commerce et les relations extérieures abandonnés ; il n'y eut plus que des villes sans mouvement, des routes mal entretenues et désertes, ou fréquentées par des brigands à blasons, ou encore par des moines mendiants qui s'établissaient en maîtres chez les manants, violaient leurs filles et mangeaient les poules de Jacques Bonhomme tout en lui promettant le ciel. Le chaos, la servitude, la misère partout ; la dignité, le respect humain et la liberté nulle part, et pour compléter ce tableau déjà bien sombre, une prostration générale gagnait cette société qui voyait arriver avec terreur la fin du monde, annoncée par les prêtres pour l'an mil, comme une expiation, une vengeance divine.

## VI. — FIN DU MONDE EN L'AN MIL.

Nous ignorons si ces prophètes de la malédiction croyaient à leurs prédictions, mais ce que nous savons, c'est qu'ils surent en profiter pour satisfaire leur ambition et assouvir cette soif de domination qui les caractérisa dans tous les temps.

Les nobles, aussi ignorants que crédules, avaient tant à se faire pardonner pour leur vie de brigandage, qu'ils saisirent avec empressement le moyen d'expiation que leur offrait le clergé ; et puisque la fin du monde, se disaient-ils, allait arriver, qu'importaient les biens de la terre ? Donner aux prêtres, donner aux moines qui devaient prier pour le rachat de leurs méfaits, devint la grande préoccupation des puissants de cette époque. Aussi les monastères, les chapi-

tres et les abbayes possédaient la moitié du sol, au grand
préjudice des populations rurales, de l'industrie et de la
production. Les nobles s'étaient dépouillés et le clergé
s'était enrichi; et quand la date fatale eut sonné, que chacun
vit que rien n'était changé dans la nature, et qu'au lieu
d'une nuit éternelle annoncée par les docteurs de l'Église,
il y avait, à l'horizon, uu soleil radieux que rien n'arrêtait
dans sa course, que les astres restaient suspendus au firma-
ment, que les oiseaux continuaient à voler, les fleurs à s'é-
panouir et les fleuves à couler, chacun éprouva comme un
grand soulagement et voulut se rattacher à la vie. Ceux qui
s'étaient dépouillés en faveur de la religion, commencèrent
à douter, en soupçonnant l'artifice; ils devinrent menaçants
et tentèrent de se faire rendre par la force ce qu'on leur
avait pris par la ruse. A une telle perspective, il fallait un
dérivatif, et on leur répondit : « Si la fin du monde n'est
point arrivée à l'heure annoncée, c'est grâce à notre intervention, car Dieu ne pardonne qu'après l'expiation. Au lieu
de menacer, priez et expiez, afin de fléchir le courroux cé-
leste, et, si vous voulez rentrer en grâce, prouvez par votre
dévoûment à l'Eglise, par le sacrifice de vos biens et de
vos personnes, que nulle entreprise n'est au-dessus de votre
dévoûment; les infidèles se sont emparés du saint Sé-
pulcre, chassez-les de cette terre sainte, et plus vos efforts
seront grands, plus Dieu deviendra bienveillant ! »

C'est ainsi que les ministres du Dieu de paix organisaient
la guerre, envoyaient périr dans les déserts de la Palestine,
pour satisfaire une cupide ambition, des armées innombra-
bles, car bien peu devaient en revenir.

Par les legs expiatoires, par les acquisitions que le clergé venait de faire, les prêtres, déjà maîtres au spirituel, le devenaient au temporel ; pour eux, toute rivalité cessait, leur pouvoir était absolu. Ils devenaient châtelains, hommes d'armes, propriétaires d'esclaves et grands vassaux de la cour de Rome. Les nobles et les rois étaient domptés, et l'on vit ces têtes orgueilleuses s'incliner, se traîner à genoux sur les dalles des palais pontificaux pour baiser les pieds du pape, sous peine de se voir dépossédés de leurs couronnes

## VII. — LES COMMUNES.


Mais lorsque les débris de ces armées revinrent de la Palestine, les craintes de l'enfer dissipées, le voile déchiré; lorsqu'enfin, s'étant aperçu qu'ils avaient été honteusement trompés, dépossédés par les prêtres, les nobles voulurent rentrer en possession de leurs châteaux, de leurs domaines, de leurs esclaves, la lutte fut longue et opiniâtre. Cette société semblait vouloir s'anéantir dans une dernière crise d'agonie, il n'y avait de sécurité que dans les châteaux et les monastères; la guerre était partout, l'Europe était tombée dans la plus profonde ignorance et la plus grande misère; l'isolement des hommes, l'absence de toute industrie, tous les liens de la société civile brisés, c'était la mort pour ce grand corps. Seules, quelques cités qui avaient conquis ou acheté leurs franchises municipales semblaient encore vivre, et préparaient cette grande révolution sociale, communaliste, dont Etienne Marcel, le prévôt des marchands de Paris, fut l'âme ; il essaya de les réunir dans un intérêt commun, pour former une digue à la féodalité et à la royauté.

Les serfs qui cultivaient le sol, voulaient imiter les artisans des villes qui avaient conquis quelques libertés et possédaient les instruments de travail.

Le sol n'était-il pas à eux ? Il y avait si longtemps qu'ils l'arrosaient de leurs sueurs.....

Dans leur revendication, ce n'est pas la force et le droit qui leur firent défaut, mais l'organisation, la solidarité dans l'action et l'intelligence vers le but ; ils se souvinrent des terribles attentats dont ils avaient été les victimes, et se vengèrent par des procédés aussi terribles, et non moins contraires au droit que ceux employés par leurs persécuteurs. Les représailles firent oublier le but à atteindre ; les bandes, en se divisant, n'eurent aucune direction commune, et ce qui aurait dû être une revendication, ne fut qu'un élément de dévastation. Ceux qui auraient pu les guider en se faisant comme leurs maîtres, les serviteurs des petits et des humbles parce qu'ils avaient assez de lumières et d'expérience, les prêtres, se firent les alliés de la noblesse, prêchèrent la soumission, promettant le paradis aux dociles et l'enfer aux révoltés.

Le calme se fit, mais la leçon avait été rude. On comprit que ces serfs, pour qui on n'avait eu jusque-là que mépris, pouvaient devenir des auxiliaires utiles à celui qui saurait s'en servir.

Les plus adroits ou les plus ambitieux les affranchirent et en firent des alliés pour conquérir les domaines de leurs voisins ; c'est ainsi que les luttes entre le clergé et la noblesse, puis entre la noblesse et la monarchie, produisirent un commencement d'affranchissement du peuple ; les artisans, insensiblement prenaient rang dans la cité, et les serfs devenaient propriétaires du sol ; la monarchie, alliée à la bourgeoisie, avait réduit la féodalité ; le nombre des communes libres s'était accru, mais elles restaient isolées les unes des autres, et soumises à un nouveau maître qui les réglementait, qui les pressurait, et était toujours prêt à leur reprendre ce qu'elles avaient chèrement acheté.

## VIII. — MONARQUE ET SERFS.

La monarchie avait besoin de ce nouvel allié, mais sentait le danger de cette puissance nouvelle : le travail organisé qui fait ses conditions, car il est le nombre et la richesse. Il fallait donc qu'elle en gardât la direction en lui interdisant toute initiative, par tous ces règlements des maîtrises, des jurandes et de police intérieure, règlements, tous plus vexatoires les uns que les autres, ce qui amena des protestations, des réticences, des insurrections contre l'autorité royale, la désaffection du peuple pour la monarchie et l'amour de la liberté. Peu à peu, les populations urbaines arrivèrent à considérer leur indépendance comme une possibilité, comme une nécessité et comme un droit. Dans les grandes villes, on organisa la résistance et on osa refuser l'impôt ; la monarchie aux abois consentit à demander les subsides qu'elle avait l'habitude de prendre sans consulter les intéressés et de dépenser sans contrôle.

Elle assembla les Etats-Généraux, la seule représentation des intérêts du peuple dans ces temps d'autorité où le peuple ne comptait que pour produire, les clercs et les bourgeois formant le Tiers-Ordre. Néanmoins le peuple comprit qu'il était quelque chose, puisque le monarque, la noblesse et le clergé consentaient à déroger en faveur du Tiers.

L'exemple des artisans fit tressaillir les serfs des campagnes, eux qui, jusqu'à ce moment, n'avaient pas eu conscience de leur individualité, confondus qu'ils étaient avec les brutes, osèrent comparer leur existence avec celle de leurs frères des villes ; ils comprirent qu'ils avaient des ennemis communs : la noblesse et le clergé. Quant à la monarchie, paysans et citadins comprirent aussi que c'était trop de trois ennemis à la fois. Des méfaits de l'évêque et du noble, ils en appelaient au roi qui, intéressé lui-même à abaisser ces deux autorités rivales, leur prêta quelquefois main-forte et contribua souvent à leur faire obtenir leurs chartes communales. Ces chartes, octroyées ou consenties de mauvaise grâce, furent souvent violées ; des ligues de résistance se formèrent et, la misère aidant, l'exaspération fut quelquefois portée au comble du délire. Il y eut des représailles terribles ; des châteaux, des abbayes, des monastères mis à sac et les habitants lapidés, brûlés ou égorgés sans pitié. On rendait à quelques heureux de la terre ce qu'ils avaient fait subir à tout un peuple durant des siécles... Cet état de lutte semblait s'éterniser sans issue, car si le corps social vit de mouvement, il s'épuise dans ces luttes stériles où le travail languissant amène la misère ; la société tombe dans le marasme, s'affaisse sur elle-même, épuisée et impuissante.

Il faut alors des siècles pour redonner à ce grand corps sa vitalité, en remettant en action ses forces productives ; heureusement pour l Europe, un homme de génie, bravant tous les préjugés, renversant les théories admises et consacrées par l'Eglise, découvrait un monde nouveau aux antipodes. Les savants, forcés d'abandonner les anciennes théories sur le système physique des mondes, les philosophes, trouvant de nouveaux aliments à leurs controverses, le commerce, de nouveaux débouchés à l'industrie, les esprits aventureux, un vaste champ à leur activité, toute la vieille société qui se mourait sous l'influence de la foi et du despotisme, fut profondément remuée ; elle poussa dans tous les sens ses investigations, et ce travail physique et intellectuel des individus lui rendit le mouvement.

La liberté, l'indépendance, les droits de l'homme proclamés aux Etats-Unis d'Amérique, nous donnaient l'exemple d'un monde nouveau qui n'avait rien de commun avec l'ancien : toutes les castes supprimées, plus que des citoyens égaux devant le travail et la loi ; les peuples, attirés vers les peuples, dépouillaient leurs préjugés et demandaient l'égalité. Nous approchions de 89. Tous ces hommes, qui avaient été si longtemps esclaves, serfs et vilains, voulaient devenir libres et citoyens. Le peuple reprenait sa souveraineté.

## IX. — QUATRE-VINGT-NEUF.

La liquidation allait se faire. Les bourgeois, devenus propriétaires, commerçants, usiniers, banquiers et magistrats,
ne considéraient plus les nobles et les prêtres comme des
supérieurs, mais comme des privilégiés dont la prépondé-
rance dans l'Etat n'était point justifiée par les services qu'ils
lui rendaient. Cette classe bourgeoise, impuissante à elle
seule à détruire les anciens privilèges, appela à son aide
les serfs et les vilains restés pauvres ; ensemble, ils vain-
quirent noblesse et clergé, et la monarchie fut entraînée
dans la chute des deux classes qui l'étayaient. On abolit la
noblesse et le clergé devint fonctionnaire de l'Etat.

La Déclaration des droits de l'homme et du citoyen proclama l'égalité civile, la liberté de conscience, le droit de

réunion et d'association, la justice et l'enseignement gratuits, l'instruction obligatoire, la liberté de la presse, solennellement reconnus et jurés sur l'autel de la patrie, faisaient des Français des citoyens égaux et libres.

Toutes ces réformes ne furent pas contestées en théorie, mais dans la pratique, nous allons voir ce qu'il advint.

La bourgeoisie, devenue maîtresse de la situation, oublia bien vite son associé dans le danger ; le prolétaire, qui avait changé de nom, n'avait pas changé sa condition en faisant une révolution.

Après avoir confisqué au profit de la nation les terres du clergé et de la noblesse, ou, plus exactement, se les être adjugées à vil prix, car on ne saurait dire que tous les citoyens participèrent à cette opération, puisque pour acheter il fallait déjà posséder, les nouveaux propriétaires ne pouvant garder tout ce qu'ils avaient acquis, en revendirent par parcelles une partie. Le patrimoine des communes fut aussi constitué de ce qui n'avait pas été vendu. De cette double opération il résulta un soulagement, une satisfaction pour les paysans, qui se rallièrent entièrement à l'ordre de choses nouveau.

Possédant la fortune, ayant pour auxiliaire les populations rurales qui craignaient que tout changement ne leur enleva ce qu'elles avaient si péniblement acquis, la bourgeoisie n'eut plus qu'une préoccupation : tenir les prolétaires des villes en dehors de l'action sociale et gouvernementale.

Elle avait bien pu s'en servir pour renverser la monarchie de droit divin et ses privilèges, mais elle ne voulait pas qu'ils prissent part à la gérance de la chose publique ; et elle créa le gouvernement légal, c'est-à-dire une fiction de gouvernement reposant sur la pièce de cent sous.

Les fonctionnaires, rendus presque inviolables par les difficultés légales pour les atteindre dans leurs prévarications, ou dans l'arbitraire de leur administration, furent recrutés dans son sein ; seule, elle pouvait donner à ses fils l'instruction nécessaire pour les fonctions publiques. Quant aux prolétaires, voués à l'ignorance ou soumis au maigre enseignement religieux où l'on enseigne bien plus l'humilité et la soumission que la science qui élève, on espérait les tenir longtemps encore en servitude.

La magistrature inamovible, nommée par le pouvoir exécutif, chargée d'interpréter le droit moderne, était inaccessible aux déshérités de la fortune.

Les prêtres, recrutés parmi les nouveaux possesseurs du sol, inviolables dans la chaire et le confessionnal, venaient étayer de leur autorité morale puisée dans leur mission divine ce régime, qui semble être nouveau et qui n'est que la reproduction de l'ancien, il ne manquait même pas les distinctions honorifiques, les titres de noblesse, puisque le roi pouvait conférer grades et titres à ses plus fidèles serviteurs, à ses vassaux les plus humbles. Oh ! vanité !

Il n'y avait d'électeurs et d'éligibles que ceux qui avaient de gros capitaux ; les gros patrimoines tenaient lieu de savoir, les bonnes spéculations d'honnêteté, les titres de noblesse de bravoure, et le prolétaire, rigoureusement tenu à l'écart, rejeté sans cesse dans les bas-fonds d'une société composée d'intérêts particuliers, et dont il portait pourtant toutes les charges, semblait définitivement vaincu et asservi de nouveau.

Le grand parti conservateur, ainsi formé, proclama bien l'égalité devant la loi, mais il fit le nécessaire pour que cette déclaration restât une simple formule.

## X. — LE GOUVERNEMENT BOURGEOIS.


Tous ces éléments de gouvernement réunis, on ne se
sentait pas encore en sûreté. La presse fut bâillonnée, le
livre censuré, une armée de six cent mille hommes en
temps de paix, logée dans des forteresses construites à grands
frais, servait à étouffer les gémissements des prolétaires ;
l'omnipotence était aux patrons, aux bourgeois, qui fournissaient les cadres de l'armée, occupaient les sièges de la
magistrature et les hautes fonctions administratives ; les
paysans, plus modestes, se contentaient de peupler les sé-
minaires. fournissaient des propagateurs à la foi et des soldats au pape. C'est ainsi que l'on crut avoir fait la révolution
politique et opéré la réforme sociale ! Cette équivoque a duré
un demi-siècle, et comme l'on n'avait point établi autre

chose que le droit des patrons, que l'ouvrier restait confiné dans l'usine et l'atelier, sans grand espoir d'en sortir, privé qu'il était de ses droits politiques, ne prenant aucune part à la gestion de la chose publique, quoique supportant toutes les charges de l'Etat, il lui était interdit de se plaindre, de se réunir, de s'associer ; il ne lui restait que le droit de la force, le droit à l'insurrection.

Le capital était souverain et le travail était esclave. Qu'avaient gagné les prolétaires en faisant la révolution de 89 de compte à demi avec la bourgeoisie ? Rien, absolument rien !

Les cultivateurs étaient devenus propriétaires du sol, et possédaient l'instrument de travail ; les chefs d'atelier, les industriels, les banquiers, les savants, les magistrats et les fonctionnaires, tous possesseurs de la fortune mobilière et immobilière, possédaient l'instrument de travail, avaient acquis la liberté et le droit de cité.

Quant au prolétaire des villes, au simple ouvrier, qu'avait-il gagné à la suppression des jurandes et des maîtrises ? N'était-il pas toujours le serviteur du patron, l'être exploité ? N'étant point consulté sur son salaire, il n'était que matière exploitable. Comment se serait-il intéressé à une société ainsi régénérée.

Le législateur de 89, en proclamant les droits de l'homme, avait déclaré que civilement tous les hommes étaient égaux, mais, pour faire passer cette théorie dans la pratique, par l'application du suffrage universel, il a fallu soixante ans d'hésitation et une demi-douzaine de révolutions.

Combien les économistes mettront-ils de temps pour résoudre le problème du salariat ? Question autrement vaste et complexe, puisqu'elle touche à tous les intérêts vitaux de la société moderne ; famille, propriété, justice, liberté, équilibre de la production et de la consommation, tout semble un obstacle quand on veut déterminer la valeur du travail accompli ; tous ceux qui l'ont abordé ont abouti à la règlementation, à la négation de la liberté, à l'immixtion de l'autorité, à des remèdes plus dangereux, plus redoutables que le mal lui-même. Saint-simoniens, fouriéristes, communistes, égalitaires de toutes sectes se sont vus abandonnés ; la formule seule des économistes est restée debout, et l'offre et la demande sont toujours la règle qui préside aux échanges. Malgré les éléments nouveaux introduits dans la discussion par P.-J. Proudhon, il n'a pu que constater cet état de la question.

Si d'aussi grands esprits n'ont pu résoudre ce problème, me dira-t-on, vous qui êtes placé dans les couches inférieures de la société, quelle autorité avez-vous pour y toucher ? Notre réponse sera simple : Nous venons apporter notre contingent de réflexions, notre expérience de travailleur ; car c'est à ceux qui ont souffert d'une situation de la faire connaître ; à ceux qui réclament des améliorations, d'indiquer sur quoi doivent porter ces améliorations et comment on peut les obtenir. Du reste, qu'importe notre chétive individualité ? Si nos raisons sont bonnes, qu'on nous aide à les faire triompher ; si elles sont mauvaises, elles n'auront pas d'influence sur des esprits plus clairvoyants que le nôtre.

Nous examinerons donc sommairement toutes les questions qui se rattachent à notre sujet : Travail et Capital, *questions politique. administrative, judiciaire, sacerdotale, d'économie sociale et domestique, de liberté, de justice et de salaire,* cherchant à dégager les conséquences pratiques, en groupant les divers éléments de la question, nous essayerons de faire la lumière, et si nous ne pouvons pas toujours obtenir la netteté, la précision des idées que demanderait un tel sujet, nous n'épargnerons pas notre peine pour y arriver, cherchant bien plus à grouper des idées pratiques qu'à faire œuvre littéraire, pour laquelle nous nous sentons insuffisants. Ce travail, destiné au peuple de l'atelier, doit contenir, dans un cadre restreint, un résumé des questions que nous indiquons plus haut, afin qu'on ne les sépare pas dans l'étude de la question sociale qui est notre but.

# XI. — LA POLITIQUE.

Qu'est-ce que la politique ?

La politique se compose de l'ensemble des rapports des citoyens avec l'Etat, et des rapports de l'Etat avec les citoyens, ainsi que des rapports d'Etat à Etat ; or, lorsque j'adresse une pétition au Corps législatif, ou même au pouvoir exécutif, je fais un acte politique ; lorsque j'émets un vote, ou lorsque je proteste par la voie de la presse, journaux ou brochures ; quand enfin je m'insurge contre les pouvoirs politiques existants, ou contre les prérogatives que leur attribuent les lois du pays, je commets un acte politique.

Lorsque les assemblées légiférantes ou le pouvoir exécutif modifient, par des lois ou des décrets, les rapports des citoyens avec l'Etat, ils commettent des actes politiques ; si ces modifications ont pour objet des diminutions ou des augmentations de droit sur les marchandises en circulation, de favoriser la culture ou l'industrie, de multiplier les rapports commerciaux de citoyen à citoyen, d'Etat à Etat, la création des voies navigables, des routes, des chemins de fer, des postes et des télégraphes ; enfin, tout ce qui est favorable ou nuisible à la fortune publique et du domaine de l'économie sociale. Ces deux questions sont donc intimement liées, presque connexes ; avoir de bons rapports politiques avec ses voisins, c'est faciliter les échanges et la production ; avoir de bons traités de commerce, c'est rendre les rapports politiques plus faciles et contribuer à la paix générale. Ce qui caractérise ces deux ordres de faits, c'est qu'en politique les résultats se produisent presque immédiatement, tandis qu'en économie sociale ils se produisent plus lentement, à des dates plus éloignées. Les intérêts peuvent aussi être différents, suivant les localités et les industries ; quelquefois l'intérêt de la minorité n'est pas conforme à celui de la majorité ; de là des divergences de vues et des conflits économiques.

Les questions économiques, plus abstraites, sont moins familières aux citoyens que les questions politiques. Aussi trouve-t-on beaucoup de citoyens qui sont des notabilités politiques et sont privés de notions économiques.

Le mandat politique, par le relief et l'importance qu'il donne aux citoyens, est recherché à raison de cette importance. Un homme politique peut peser, en bien ou en mal, sur la fortune publique ou privée de ses concitoyens, tandis que l'économiste reste généralement confiné dans l'obscurité du cabinet, et prépare, par l'analyse et la comparaison des faits, les transformations sociales. Son action, pour être plus lente, n'est que plus sûre et plus importante.

L'homme politique, suivant qu'il tient compte dans ses actes du fait social ou du fait politique, peut aboutir à un conflit politique ou à une anomalie sociale, en consacrant des théories qui sont quelquefois la négation du droit ou irrationnelles.

Dans un gouvernement démocratique, où la nation tout entière gouverne par ses mandataires, les erreurs économiques sont aussi faciles que sous la monarchie, et les connaissances économiques sont plus indispensables, parce que les théories séduisent plus facilement la classe ouvrière que la bourgeoisie; d'autre part, le peuple, constamment préoccupé de son influence politique, délègue volontiers ses pouvoirs à ceux qui, doués du talent de la parole, savent mieux lui faire illusion, en sorte que les fonctions publiques ne sont pas toujours confiées à celui qui a le plus de connaissances pratiques, mais à celui qui parle avec le plus d'éclat; de là un danger et une insuffisance dans la représentation, qui manque souvent d'équilibre dans la représentation des intérêts; ce qui est une cause de trouble et d'instabilité dans l'administration et les institutions.

Si, pour les raisons ci-dessus, les assemblées chargées de faire les lois et les fonctionnaires chargés de les appliquer, sont recrutés exclusivement parmi les professions libérales ou parmi les grands industriels ou propriétaires, n'est-il pas évident que, seules ces fractions de la société seront utilement représentées, et que les cultivateurs, les ouvriers des villes, la masse sociale enfin, verra ses intérêts négligés, ses aspirations méconnues. Pour qu'il en soit autrement, il est nécessaire que chaque groupe d'intérêts soit représenté.

Le département du Rhône, par exemple, composé à peu près par moitié de cultivateurs et d'industriels devrait, pour avoir une représentation exacte sur 7 députés, les répartir à peu près comme suit : 3 cultivateurs, 3 industriels, le 7$^{me}$ pris dans les professions libérales. Une représentation formée d'après ce principe pour toute la France, renfermerait moins de subtilité, mais plus de vérité quant à la représentation des intérêts du pays ; de plus, elle exclurait le scrutin de liste qui nous paraît peu démocratique, car il tend à absorber la minorité par la majorité, et comme conséquence, offre moins de stabilité à l'ordre politique, puisque les majorités sont susceptibles de se déplacer; tandis que le scrutin uninominal, ayant pour base un groupe d'électeurs plus circonscrit, ayant les mêmes intérêts, sera toujours plus uniforme dans ses résultats, et donnera moins de fluctuations à la politique, c'est-à-dire plus de stabilité aux affaires. Disons donc ce que nous entendons par la représentation des intérêts, car ceux qui possèdent beaucoup prétendent qu'ils ont plus de droit à la représentation que ceux qui sont dépourvus de la fortune. Nous croyons qu'il est nécessaire de réduire cette prétention à sa juste valeur, et nous disons : l'homme est d'autant plus intéressé à la chose publique qu'il est plus dénué de ressources; rien ne lui étant plus précieux que son existence. Pour l'ouvrier, la journée de la veille qui le nourrit le lendemain, a la même importance que le million du banquier d'où il tire la sienne. Ils sont donc tous deux intéressés, au même degré, à l'ordre et à la prospérité publique; si pour l'un l'instabilité des institutions peut nuire au développement de sa fortune, pour l'autre c'est son existence même qui est menacée. Dans une société comme la nôtre, faite d'intérêts, tous les hommes sont un peu solidaires, et si ce n'était l'ignorance et l'égoïsme qui créent deux courants d'aspirations différentes, l'accord serait complet. Les uns regardent le passé qui leur a légué des faveurs, et voudraient immobiliser la société; les autres veulent la transformer sans cesse, dans l'espoir d'y acquérir les satisfactions physiques et morales dont ils se sentent dignes, et se disent que puisqu'ils sont égaux devant la loi, ils devraient l'être aussi par les jouissances et le bien-être.

Au fond, que veulent les conservateurs ? un état stable, qui leur permette de jouir en sécurité du bien-être acquis ou espéré, et si le gouvernement républicain leur donne cette stabilité, cette sérénité qu'ils désirent, ils s'y rallieront d'autant plus facilement que six restaurations monarchiques faites depuis 60 ans, leur ont appris que cette forme de gouvernement n'est plus compatible avec nos mœurs, avec notre droit populaire moderne, avec le libre examen et la science, qui ont pris la place de la foi. Le droit divin doit disparaître pour faire place au droit populaire, car quand un peuple revendique sa souveraineté avec autant de constance et d'opiniâtreté, il ne saurait abdiquer sa liberté. Il faudra donc qu'à défaut de sympathie, les conservateurs se résignent et subissent les faits acquis que comporte la république, que veulent les républicains : la liberté égale pour tous les citoyens, l'équité rigoureuse dans l'application de la justice, les charges publiques ré- duites au nécessaire d'une administration honnête, l'Etat gérant les affaires d'État et la commune gérant les affaires communales ; enfin le droit commun, et, dans un avenir peu éloigné, une meilleure distribution de la production sociale.

A ces mots, je vois certains conservateurs timorés se demander ce que nous entendons par meilleure distribu- tion de la production sociale. Que ces honnêtes gens se rassurent, notre pensée ne conçoit ni dépossession, ni spoliation : ils veulent seulement dire que, pour qu'un peuple ait beaucoup de bien-être, il faut que les pouvoirs publics qui sont les représentants de la communauté, les gardiens des intérêts de la société, lui demandent le moins possible ; ils veulent dire que la fortune de la nation étant administrée par un gouvernement peu coûteux, au lieu de l'être par une cour dispendieuse et des proconsuls non moins rapaces que leur maître, amènera nécessairement la diminution des impôts, l'allégement des charges publiques; ils veulent dire que le gouvernement, exercé par les élus directs du peuple renouvelés fréquemment, ne suscitera jamais ni guerre intestine ni guerre étrangère. Un peuple qui s'administre lui-même ne pouvant être l'ennemi de ses intérêts, la vanité des rois pouvant seule se complaire dans ces éclats de la force que l'on appelle la gloire des nations.

Dans cet état de paix, il bénéficiera des dépenses considérables causées par les armées permanentes rendues inutiles ; ce sera une des gloires de notre pays d'avoir, le premier, proclamé la paix universelle en déclarant qu'à l'avenir il ne s'armera plus que pour sa défense personnelle, jamais pour l'attaque et les conquêtes, laissant à chaque peuple le soin de conquérir sa liberté, la liberté n'étant bonne que pour les peuples qui savent la conquérir et la pratiquer ; ils veulent dire que le fonctionnaire responsable entourera la liberté des citoyens d'un profond respect, au lieu de l'entourer de suspicion et de surveillance ; ils veulent dire aussi que les citoyens étant libres de se réunir, de discuter leurs intérêts et de les associer, pourront toujours s'appliquer le mode qui leur paraîtra le plus équitable dans la distribution du travail et la répartition des produits ; ils veulent dire que le capital ne doit pas seul être protégé, et que s'il est abusif dans ses agissements, la loi a droit de l'atteindre, de déterminer, de limiter son action, l'intérêt particulier devant toujours être subordonné à l'intérêt général. Les capitaux en se réunissant ont-ils le droit de faire la rareté du produit, afin d'en élever le prix, pour bénéficier d'une surélévation factice qu'ils auront provoquée au détriment de la société ? Non, assurément non ! Ils veulent dire que toutes les fois que le capital intervient dans la production, non pour la favoriser et la développer, mais pour l'entraver, il y a abus. Vous entravez la production et l'échange quand vous accaparez les blés ou les vins pour faire la disette ; vous entravez l'échange quand vous achetez tous les terrains autour d'une cité, qui, par son industrie ou pour toutes autres causes, a la tendance de se développer ;

vous gênez ce développement en créant un prix factice, qui se déprécie ensuite quand votre spéculation est terminée ; vous entravez l'échange quand vous accaparez à la Bourse certains titres pour les faire hausser et les déprécier ensuite, après avoir réalisé de gros bénéfices au détriment des simples qui croient à la réalité de la hausse ou de la baisse quand elles ne sont que factices ; ils veulent dire que la loi, au lieu de favoriser le jeu et les spéculations contraires à l'intérêt général, doit les prohiber ; que toutes les fois que les capitaux se coalisent en vue d'entraver la production et l'échange, ils doivent être poursuivis. Voilà ce que veulent dire ces mots : « meilleure distribution de la production sociale. »

## XII. — ARMÉES PERMANENTES

Nous avons parlé plus haut de la suppression des armées permanentes ; disons en deux mots ce que nous entendons par cette suppression, qui nous paraît aux trois quarts réalisée, malgré les apparences contraires.

Tous les citoyens valides, sans exception, étant incorporés dans l'armée, équipés et armés en temps de guerre et de manœuvres, forment une armée nationale défensive. Cette armée, assujettie périodiquement au maniement des armes et à la vie des camps, est toujours à la disposition du pays en cas d'attaque extérieure. Pouvant être appelée sous les drapeaux pour la défense nationale, ce ne sera plus une armée permanente, ce sera la nation armée pour la défense de ses foyers, coûtant peu et n'offrant aucun danger pour les libertés publiques.

Quand cette réforme sera réalisée chez nous, nos voisins se lasseront bien vite des charges écrasantes causées par les armées permanentes ; ne craignant plus d'être attaqués, n'espérant point nous conquérir, ne faudra-t-il pas qu'ils se résignent à être sages ?

Le rôle de l'armée permanente étant considérablement réduit, il suffira d'une police nationale, qui aura pour mission d'exécuter les arrêts de la justice. Voilà ce que nous appelons la suppression des armées permanentes : la nation armée, où tous les citoyens fournissent leur concours pour la défense de la patrie commune ; tandis qu'une armée permanente entre les mains d'un chef d'Etat qui peut s'en servir contre la liberté des citoyens, peut, à plus forte raison, servir contre les peuples voisins ; de là ces guerres qui épuisent les nations les plus riches, les plus industrieuses, et en font la pâture de quelques frénétiques dont on chante ensuite les hauts faits. La gloire fait oublier les améliorations sociales, et le public, oubliant son droit et sa dignité, s'abandonne au despotisme qui le ramène tout doucement à l'oubli de lui-même et à la barbarie.

Ces aspirations vers la justice sont-elles donc indignes de nous ? Lorsque la grande nation américaine a pu se donner de telles institutions, quand la petite nation suisse, composée d'éléments hétérogènes, a pu pratiquer la liberté politique la plus complète : la liberté de conscience, les libertés de la presse, de réunion, d'association et d'autonomie cantonale, le peuple français n'aurait pas les vertus

nécessaires pour supporter de telles institutions, qui, solide-
ment établies en France, rayonneraient sur le monde entier?
Nous espérons qu'il n'en sera pas ainsi, et que bientôt les
populations des villes et des campagnes auront assez d'expérience politique pour éviter les entraînements de théories
qui, souvent, prennent leur base dans nos plus mauvaises
institutions du passé ou ne peuvent passer dans la pratique
que successivement, au fur et à mesure de l'expérimen-
tation.

De son côté, la classe qui possède comprendra qu'un
gouvernement ne saurait être solide, en France, qu'autant
qu'il pourra se prêter au changement que le fonctionne-
ment du suffrage universel y apportera périodiquement, ce
qui exclut toute idée de restauration monarchique et d'hérédité au pouvoir.

J'en conclus que tous ceux qui veulent le bonheur de la
nation, la grandeur de la France, et qui ne font point passer
leur intérêt individuel avant l'intérêt général, doivent
s'appliquer à républicaniser nos institutions, à donner au
peuple l'éducation qui permet d'apprécier les faits à leur
juste valeur, lui enseigner le patriotisme qui sait attendre,
et exiger une réforme en temps opportun, c'est-à-dire quand
elle est assez généralement comprise pour s'acclimater sans
réaction. Le moyen de donner au peuple cette confiance
qui sait attendre, c'est de réaliser toutes les réformes pra-
ticables, sans attendre qu'il les réclame au nom du droit ou
de l'émeute. Les masses s'irritent moins contre la misère
que contre un gouvernement qui oublie les intérêts qu'on
lui a confiés.

# XIII. — LE CITOYEN LIBRE

Si les charges publiques sont lourdes, chaque citoyen les supportera sans murmurer, pourvu qu'elles soient réparties équitablement, proportionnellement; mais le devoir du gouvernement est de chercher à les rendre légères et faciles à contrôler; pour cela, il doit laisser aux départements, à la commune et aux citoyens tout ce qu'ils peuvent surveiller et administrer; l'État n'ayant à s'occuper que des questions d'intérêt général, aura une tâche plus facile et moins de responsabilité : les citoyens, mis en demeure de s'occuper de leurs intérêts particuliers et des intérêts locaux, et les connaissant mieux, pourront en tirer un meilleur profit pour eux et la communauté. L'État ne pouvant être la providence de tous ne doit l'être de personne. Les employés, les fonctionnaires ne sauraient être autre chose que les travailleurs d'une grande usine que l'on appelle l'État; car, quand on puise dans les caisses publiques pour servir des pensions et des faveurs, on puise dans la poche de tous les citoyens qui n'ont pas eu le bonheur d'être des fonctionnaires d'État. Un gouvernement démocratique ne doit avoir d'initiative et intervenir que dans les questions d'intérêt général, l'intérêt privé n'étant pas son fait; tout acte gouvernemental qui tend à confisquer l'individu ou ses intérêts au profit de l'État est un acte de tyrannie; toute administration qui, au lieu de prendre l'avis des administrés, leur impose le sien est une administration despotique qui se fait mépriser.

Le degré de liberté d'une nation se mesure par le degré de respect que l'on a pour la liberté individuelle des citoyens, et les citoyens sont tous intéressés au respect des lois, sans lesquelles il n'y a plus que confusion et anarchie; les despotes seuls peuvent chercher à s'y soustraire. D'autre part, une société est d'autant plus riche et plus heureuse que les citoyens libres ont plus d'initiative; car il nous paraît incontestable que, plus l'individu a de responsabilité et de liberté, plus sa personnalité grandit; elle s'exalte pour ainsi dire, et ses facultés productives se décuplent; autrement dit, l'homme est un élément de production d'autant meilleur que la société lui laisse plus de responsabilité.

Dans les pays où l'Etat veut tout diriger : sciences, arts, travail, religion, bienfaisance, réunion, association, les citoyens sont enserrés dans un réseau inextricable de police et d'administration, qui les fatiguent et les désintéressent de la chose publique ; ils perdent insensiblement leur dignité personnelle en oubliant leurs droits et leurs devoirs ; et si quelquefois ils s'en souviennent, c'est pour s'agiter dans le vide, sans direction et sans but. Nous montrerons plus loin que ce qui se produit pour la société, au point de vue de la politique, se produit aussi dans tous les groupes, dans toutes les sociétés industrielles ; d'où on doit conclure qu'il faut restreindre l'action de la collectivité et augmenter celle de l'individu ; ce qui revient à dire encore, que le plus puissant moyen de développement est l'initiative et la responsabilité individuelle, et que, partout où l'on supprime ces deux stimulants, les hommes s'atrophient, les intérêts périclitent et le groupe se dissout.

# XIV. — ADMINISTRATION

Sans avoir la prétention de tout dire dans le cadre restreint que nous nous sommes donné, nous voulons pourtant effleurer les diverses questions qui se lient à notre sujet le capital et le travail.

L'administration d'un pays peut peser sur la fortune publique ou privée, nuire à son développement ou la favoriser, faciliter les échanges et la production, augmenter ou diminuer le bien-être des citoyens, suivant qu'elle agit dans un sens ou dans un autre.

Une administration qui centralise tout suppose une volonté unique, donnant la direction, mettant tout en mouvement. Cette volonté doit donc être toute puissante pour ne point être entravée dans sa direction ; elle est nécessairement sans contrepoids, elle doit tout absorber, et, comme conséquence fatale, elle tend à tout confondre : administration civile, militaire, cultes, justice. Car si cette volonté souveraine croit utile à la marche de ses desseins de faire appel à la force, à la ruse, pour faciliter ou même pour imposer une chose qu'elle croit bonne, comment se défendra-t-elle contre elle-même ? C'est donc l'arbitraire, l'oubli du droit, le despotisme.

Si cette volonté unique est celle d'un homme de génie, toutes les initiatives, toutes les volontés individuelles sont paralysées. Vous avez un sauveur qui doit guérir tous les maux, réparer toutes les injustices.

Si c'est un homme ordinaire, la confusion, le désordre se glissent dans toutes les fonctions administratives, tout est confondu ; c'est le moins honnête qui est le plus influent, car l'homme d'honneur ne veut pas être l'instrument du caprice et de l'inintelligence. Le peuple, étant lésé dans ses intérêts, froissé dans sa dignité, se désaffectionne de l'ordre de choses établi, et cherche sa sécurité, son bonheur, le respect de ses intérêts enfin, dans des changements de gouvernement qui ne se font le plus souvent, que dans la forme, laissant au fond les mêmes pratiques, les mêmes errements, qui ramènent à nouveau les mêmes révolutions et les mêmes réactions.

Tout changement qui se fait dans la forme doit donc être fait dans le fond, pour être efficace ; car, si vous substituez le gouvernement républicain au gouvernement monarchique, il faut, en même temps, lui donner des bases républicaines en pratiquant l'égalité la plus absolue en politique. Dans l'application de la justice, nul ne doit être soustrait à la loi, et la loi doit sauvegarder tous les intérêts, toutes les personnes ; les divers pouvoirs doivent être soigneusement séparés :

1º Pouvoir souverain, représenté par la collectivité des citoyens qui le délèguent à une Assemblée législative ;

2º Pouvoir judiciaire, qui est une émanation de la souveraineté ;

3º Pouvoir administratif, qui est la mise en activité, l'exécuteur des volontés du souverain.

Le souverain fait les lois, le pouvoir administratif les applique, et le pouvoir judiciaire les interprète. Ces trois pouvoirs se servent de contrôle mutuellement, et doivent être soigneusement séparés. C'est la principale garantie de la liberté ; mais on ne doit pas en conclure que les membres de ces divers corps doivent avoir des priviléges et sortir du droit commun. Comme corps, oui ; comme individu, non. La loi ne saurait consacrer de privilége, et tous les citoyens qui reçoivent la même protection dans leurs biens et dans leurs personnes, doivent supporter les mêmes charges et en proportion de leurs ressources.

Mais on ne doit pas oublier que les meilleures institutions ne sauraient être conservées ni conquises par un peuple sans instruction, qui n'a pas conscience de leur utilité, qui ne veut pas s'occuper d'une manière constante de ses affaires, et qui, par indifférence, en abandonne le soin aux plus flatteurs, aux plus ambitieux, et que les hommes qui négligent l'accomplissement de leurs devoirs civiques sont indignes de la liberté.

La souveraineté populaire ne peut s'exercer qu'avec beaucoup d'activité, d'instruction et de connaissances pratiques. Chez le plus grand nombre, la suppression de tous les priviléges en est une conséquence, et aucune organisation ne doit être tolérée en dehors du droit commun.

Un homme d'État (1) disait un jour à la tribune « que deux gouvernements ne pouvaient, en même temps, exister dans un même pays. » Si cette affirmation est vraie, comme nous le croyons, il en résulte que la monarchie est désormais impossible en France, car la monarchie suppose l'hérédité, et tout gouvernement héréditaire porte en lui le principe de la souveraineté. Si vous mettez en présence la souveraineté populaire, qui se manifeste par le suffrage universel et qui est susceptible de se modifier, de se transformer, de changer ses agissements suivant les temps et les lieux ; enfin, une souveraineté qui suit toutes les fluctuations des intérêts qu'elle doit protéger, si, dis-je, vous la mettez en présence d'une souveraineté immuable, qui tient son pouvoir de Dieu ou d'une délégation à perpétuité, ces deux souverainetés seront incompatibles. La souveraineté par droit divin pourra-t-elle suivre les intérêts sociaux dont elle ne relève pas ? Non ! assurément non ; et si par hasard cette personne, ce monarque, qui porte en lui la souveraineté, daignait regarder les intérêts qui s'agitent autour de lui, ne pouvant voir toutes choses par lui-même, il serait bien obligé de s'en rapporter au petit nombre de

(1) M. Thiers.

conseillers qui l'entourent, lesquels ont des intérêts différents de la généralité des citoyens, car l'intérêt de la
généralité des citoyens est qu'il y ait peu de dépenses
publiques, tandis que l'intérêt de ceux qui sont au gouvernement, sous une monarchie, est qu'il y en ait beaucoup,
parce qu'ils en profitent.

Ces deux principes s'excluent donc d'une manière absolue ; la souveraineté par le peuple est inconciliable avec la
monarchie ; pour qu'il en fût autrement, il faudrait supprimer
le suffrage universel ou trouver, comme l'Empire, le
moyen de le diriger, de se l'assimiler. L'Empire n'est plus
possible : il a derrière lui Sedan et Metz. Les légitimistes
ont dans leurs bagages deux invasions étrangères, la dîme
et les corvées. Quant au gouvernement constitutionnel des
d'Orléans, cette monarchie de renards, sans tradition, sans
grandeur, elle n'a laissé aucune racine dans le pays ; elle
est considérée comme un être cupide, pensant bien plus à
faire des économies de famille, à thésauriser, qu'à gouverner
dans l'intérêt général ; il serait impuissant à diminuer notre
dette par la transformation des impôts et les économies.
Battu en brèche par les trois autres partis, il serait obligé,
pour se garder, d'avoir une armée nombreuse en temps
de paix, qui, en augmentant nos charges publiques, ag-
graverait notre situation financière et abaisserait notre
crédit.

Reste la République, où chacun a le droit de prendre sa
part d'influence, et dont on ne peut contester la légitimité.
Elle prend l'avis de tout le monde, s'inspire des intérêts
généraux, et est assez forte pour diminuer les charges

publiques, donner l'essor à l'industrie et à l'agriculture. Elle donnera toutes les libertés nécessaires au développement de l'initiative privée, et permettra de reconstituer l'épargne publique profondément altérée par la guerre de 1870-71.

## XV. — LE PROLÉTARIAT

La République ne suffira pas, sans doute, à résoudre tous les problèmes, mais elle y aidera plus qu'aucun autre gouvernement, parce que, de sa nature, elle comporte plus de liberté, plus d'égalité; qu'étant tout le monde, elle n'attend et ne donne de faveur à personne; elle n'abrite pas les priviléges et tous peuvent être dénoncés. L'idée de République démocratique suppose un gouvernement où tous les citoyens, sans condition de fortune, participent à la souveraineté; on ne saurait mesurer la part de souveraineté d'un citoyen à sa fortune, puisque la fortune est changeante et que cette souveraineté est un droit primordial que l'individu acquiert avec sa majorité; il peut se rendre indigne de l'exercer, mais il ne peut l'aliéner.

En France, où il y a dix millions d'électeurs, chaque électeur possède la dix millionième partie de la souveraineté. Cette prérogative ne s'aliène pas, parce qu'on ne peut la transmettre ; elle est à vie, et la génération qui vient a le même droit que celle qui s'en va. Mais revenons au prolétariat. Tout d'abord, peut-on séparer la question politique de la question sociale, et *vice versâ?* Nous pensons que la politique et le socialisme ont tant de points de contact, tant de connexité, qu'on ne saurait, sans imprudence, les séparer, les isoler l'une de l'autre. On a dit qu'il n'y avait pas de question sociale, et d'autres que le socialisme seul pouvait donner le remède au mal qui ronge les sociétés modernes. D'une part, c'est nier le prolétariat ou admettre qu'il est une nécessité sociale ; d'autre part, on admet que l'on peut le supprimer, parer aux crises industrielles, éteindre le paupérisme sans affecter la politique, et cela par les combinaisons que suggère le socialisme. Or, les améliorations sociales ne peuvent s'effectuer que sous un régime de liberté, que seule, la République peut nous donner, étant le seul gouvernement qui puisse s'identifier avec la volonté générale, puisqu'il en est l'émanation constamment renouvelée. Mais si la République peut nous donner la liberté, il ne s'ensuit pas de là qu'elle puisse nous donner les réformes sociales, qui ne sont autre chose que l'équilibre des intérêts. Pour équilibrer les intérêts il faut d'abord faire des lois qui les protégent tous également, sans se préoccuper de leur importance, et ce sera ensuite aux citoyens à prendre les initiatives nécessaires aux améliorations sociales, sans jamais compter sur le gouvernement pour les effectuer. Le gouvernement n'est que le régulateur des transformations qui s'opèrent dans la société ; il ne doit pas en être l'initiateur, autrement les destinées d'un peuple seraient livrées au hasard, à la discrétion de quelques hommes ; la souveraineté populaire pourrait être mise en danger, et cela ne doit jamais être; c'est donc aux citoyens à garder précieusement leur part de cette souveraineté, et à prendre toutes les initiatives que comportent les plus graves questions sociales : *salaires, association, coalition, solidarisation des intérêts, garanties mutuelles, chômages, misère, retraite à la vieillesse, équilibre de la production et de la consommation.*

Démocratiser notre législation, donner plus d'instruction et de liberté aux citoyens, c'est faire de la bonne politique et préparer les voies aux améliorations sociales; laisser beaucoup à l'initiative individuelle, c'est faire du socialisme et préparer les citoyens à devenir des hommes politiques. Le suffrage universel n'a pas toujours donné les meilleurs résultats, et les mandants ont conçu un procédé qui leur permet de tenir constamment leurs députés dans leur dépendance ; ils ont créé le mandat impératif, et il s'est trouvé une assemblée qui, oubliant son origine, a proscrit le mandat impératif, l'a déclaré délictueux. Cette loi, qui était une révolte du représentant contre son souverain, est restée lettre morte, et on a continué à faire des mandats impératifs; quant à leur légitimité, elle ne nous paraît pas contestable. Ce serait un non sens d'admettre que celui qui a reçu une mission n'en doit pas compte à celui qui la lui a confiée ; ce serait la reproduction de ce sophisme monarchique qui fait dire aux rois qu'ils tiennent leur pouvoir de Dieu, bien que leur premier soin soit de le faire sanctionner par le peuple qu'ils veulent gouverner. C'est bien plus une question de pratique qu'une question de droit, et il faudrait rechercher quand et comment le mandat peut être impératif. Le droit du mandant n'étant pas douteux, nous pensons que le mandat doit être impératif toutes les fois qu'on peut en déterminer l'objet, et que s'il est difficile de créer une pénalité pour le cas de violation du mandat, on peut toujours imprimer une flétrissure morale à celui qui aura été infidèle à la parole donnée. Il est vrai que les peines morales n'atteignent pas les fripons, et qu'elles sont inutiles avec les honnêtes gens; mais il est un procédé plus efficace : c'est de renouveler plus fréquemment les assemblées délibérantes et par fraction. Si le mandat était de quatre ans, renouvelable par moitié au bout de deux ans en désignant les sortants par le sort, un député, ayant la perspective de retourner devant ses électeurs tous les deux ans, ne songerait jamais à trahir les intérêts qui lui auraient été confiés, car il se verrait promptement abandonné par les mandants. Un autre avantage de ce système serait de faire participer plus fréquemment les citoyens à la vie politique, qui, avec le mode actuel, en sont exclus pour un temps assez long, car ils n'exercent leur souveraineté que tous les quatre ou cinq ans. Or, s'il se forme deux cent mille électeurs chaque année, au bout de cinq ans c'est un million de citoyens qui ne sont pas représentés. Ainsi pratiquée, la représentation deviendrait plus réelle, et l'attention du corps électoral sans cesse éveillée, imprimerait aux mandataires une salutaire activité; du reste, le moyen de résoudre toutes ces difficultés est connu : éclairer le suffrage universel, compléter et rendre l'enseignement primaire obligatoire, fonder l'enseignement professionnel, nous paraît le moyen efficace de faire rendre au suffrage universel tout ce qu'il peut donner, et de faire la lumière nécessaire sur les plus graves questions.

# XVI. — DU POUVOIR JUDICIAIRE

Le pouvoir judiciaire étant un des corps fondamentaux d'une société civilisée, doit être à l'abri du soupçon; sa fonction est la plus importante de l'État; il représente le souverain; il est le gardien des libertés publiques et individuelles; il interprète et applique les lois; il est aussi le gardien naturel de la Constitution. Les lois étant l'expression du juste formulées par le souverain, il faut que dans une République démocratique elles n'éprouvent jamais d'obstacle dans leur application; et, si ces obstacles venaient à se produire, il faut avoir le moyen de les vaincre et de punir les coupables.

De même que sous la monarchie le roi avait un tribunal, une cour souveraine, chargée de faire respecter ses prérogatives ; nous pensons qu'en république le souverain ne doit pas être désarmé. Il doit avoir un tribunal émanant de lui-même, ayant qualité pour protéger ses prérogatives et mettre en action sa souveraineté juridique. On ne doit pas attribuer cette qualité au Sénat ou au Corps législatif, car il n'est pas bon que ceux qui font les lois les appliquent ; mais on peut en trouver la base dans les conseils généraux en faisant désigner chaque année, par le sort, un membre de ces assemblées. La réunion de tous ces membres formerait une cour souveraine, chargée de juger les crimes et délits de lèse-nation et les hauts fonctionnaires prévaricateurs, tels que président de la république, ministres, cardinaux, généraux, préfets, procureurs, présidents de cour, etc., etc. Un tel tribunal, ne relevant que des suffrages du souverain, serait complètement indépendant, ne pourrait point former une caste dans l'État, puisque sa durée serait limitée à une année ; ce serait un jury national, servant de frein à toutes les ambitions et le pondérateur des pouvoirs publics. Quant à la magistrature, nous pensons qu'elle pourrait être élue par un corps électoral spécial, en attendant que tous les citoyens soient aptes à y prendre part.

# XVII. — QUESTION SOCIALE

Par ce que nous avons dit plus haut, on voit que les travailleurs ne doivent point négliger les questions politiques s'ils veulent résoudre les questions sociales.

Nous allons, dans cette partie de notre travail, examiner plus particulièrement les questions qui forment, dans leur ensemble, la question sociale. Les illusions qu'elle a fait naître, les théories qu'elle a fait éclore de tout temps, les tentatives récentes qui ont été faites en vue de faire le bonheur de l'humanité; et dans un exposé sommaire, tâcher de dégager quelque chose d'utile et de pratique, donnant notre sympathie aux actes philantropiques et aux pensées généreuses, mais préférant les faits utiles, les idées justes, les découvertes qui améliorent et font marcher les sociétés en les transformant.

Le sentiment tient, sans doute, une grande place dans l'existence des hommes ; mais les sociétés, comme les individus, vivent par l'activité, l'ordre et le travail.

En 1848, les ouvriers des grandes villes qui venaient de traverser un règne bourgeois de 18 années, en simples spectateurs, n'y avaient pas toujours trouvé satisfaction : des chômages fréquents, un salaire peu élevé, avaient rendu l'existence des travailleurs des villes très-précaire. Ils n'élevaient pourtant pas leur prétention jusqu'à vouloir leur part de souveraineté : le corps des censitaires avait réussi à mettre une barrière entre lui et les prolétaires.

Ces derniers étaient très-peu occupés des réformes politiques ; ils cherchaient ailleurs le remède aux maux dont ils souffraient, et l'on s'ingéniait à trouver la formule d'un gouvernement qui devait faire le bonheur de l'humanité, un gouvernement dirigé comme une machine, commandé comme un régiment de soldats et discipliné comme une communauté de moines ou de nonnes. C'est ainsi qu'était comprise la question sociale à cette époque.

Les phalanstériens essayaient en Amérique la loi des attractions naturelles de Fourrier, et les icariens, à la suite du vénérable Cabet, faisaient à Novoo un essai de la vie en commun ; la dictature de l'État était la base de cette société.

Les humanitaires préconisaient tous, plus ou moins, le protectorat de l'État, et aboutissaient, dans un moment de crise, sous la direction d'une de nos illustrations contemporaines, aux chantiers nationaux et à la chute de la République. L'État, protecteur des travailleurs, commanditaires, industriels, banquiers. Ces théories ont été favorisées et développées par l'empire, qui avait là un procédé tout prêt pout flatter les masses populaires, en leur laissant croire qu'il travaillait à les soustraire aux chômages et à la misère ; qu'il voulait leur émancipation par l'association et la mutualité, tandis que ce n'était qu'un moyen de les mieux surveiller en introduisant parmi eux, dans chaque groupe, des hommes qui lui étaient dévoués.

Le mouvement socialiste ainsi enrayé, que pouvait-il produire ? Rien, absolument rien.

Aussi voyons-nous toutes les sociétés, malgré le dévouement individuel et les sacrifices faits par chaque sociétaire, échouer, après avoir donné quelques espérances de succès au début; les mieux conduites, celles qui reçoivent plus de dévouement, se soutiennent plus longtemps; mais toutes périclitent et tombent à mesure que le dévouement diminue et cesse.

Il y a donc un vice constitutif; c'est ce que nous voulons rechercher.

Quelle était l'intention des travailleurs en formant des sociétés de production et de consommation ? Réduire le nombre des intermédiaires afin d'améliorer le prix des choses de la vie ; or, l'association augmente ce prix de revient, car les intermédiaires employés par les associations coûtent plus cher que les intermédiaires ordinaires; nous l'établirons plus loin par des chiffres. On a bien pu, en concentrant une consommation plus considérable sur un point donné, réduire une superfétation de petits commerçants qui ne possédaient pas les éléments nécessaires à la vitalité de leur commerce ; mais dès que les particuliers se sont organisés pour opérer dans de bonnes conditions, ils ont écrasé les associations qui faisaient le même chiffre d'affaires qu'eux, et elles se sont trouvées dans des conditions d'infériorité, puisque leurs frais d'exploitation sont, à chiffre d'affaires égal, plus élevés que ceux des particuliers.

En fait, les consommateurs avaient raison de trouver que les intermédiaires coûtaient trop cher, mais ils n'ont point employé le procédé qui devait diminuer ce coût, puisqu'ils ne sont parvenus qu'à l'augmenter. La question reste donc entière, et nous allons l'examiner dans la pratique.

Quels sont actuellement les agents intermédiaires entre le producteur et le consommateur ? Ils se composent : 1° de l'exportateur ; 2° du commissionnaire ; 3° du négociant ; 4° du détaillant. Dans les commerces dont les produits se consomment sur place on supprime bien ou un ou deux de ces intermédiaires, rarement on les supprime tous. Peut-on diminuer ou supprimer ces intermédiaires ou veut-on les conserver, car il est impossible que chaque consommateur aille chercher à leur source tous les produits qui servent à son existence, à son bien-être.

Chaque individu ne saurait aller chercher aux Antilles le poivre, la canelle, les épices qui servent à aromatiser ses mets ; chaque tisseur ne saurait aller en Amérique chercher le coton, en Italie la soie, en Allemagne le lin qui sert à ses tissus.

L'exportateur, le commerçant en gros, est donc nécessaire, inévitable, pour faire transporter d'un pays dans un autre les produits qui conviennent à chacun d'eux. Cette première opération faite, le consommateur aura-t-il plus de facilité pour s'approvisionner chez l'exportateur, premier intermédiaire ? Non, car dans la plupart des cas ce dernier ne pourra que livrer soit à la maison de gros, soit au fabricant, qui fait subir aux produits une première transformation inévitable. Dans ce deuxième cas, pourra-t-il, le consommateur, s'approvisionner chez le négociant en gros ou chez le fabricant ? Pas davantage, puisque ces derniers ne font pas du détail, et ne seraient pas placés à la portée du consommateur s'ils voulaient en faire. Il y a donc un troisième et quelquefois un quatrième intermédiaire qui deviennent nécessaires.

Tous ces intermédiaires grèvent le produit, c'est-à-dire que chacun étant dans la nécessité de vivre de ses occupations, et toutes opérations s'appliquant à n'importe quel objet, augmente le prix de cet objet. Donc plus il y a d'intermédiaires ou d'opérations pour faire livrer le coton en tissu et le tissu en linge aux consommateurs, plus ce linge est cher. Cette loi s'applique à tous les objets, depuis le monument jusqu'au jouet, en passant par tous les objets qui rentrent dans la consommation de l'homme.

Il faut donc simplifier, réduire, limiter, si c'est possible, le rôle des intermédiaires, car la quantité des bénéfices qu'ils sont appelés à prélever sur les articles de leur négoce est la principale difficulté de rapprocher ces deux termes : production et consommation; et sans ce rapprochement, il ne sera jamais possible de ramener chaque chose à son prix de revient ou à un prix plus normal, afin d'en rendre l'accès possible à tout le monde, c'est-à-dire de donner à chacun le bien-être auquel il a droit, s'il a travaillé.

Ces théories, formulées par les socialistes et même par les économistes, ont été acceptées par beaucoup de travailleurs, qui, sans se préoccuper davantage des moyens pratiques, se sont mis à l'œuvre, et dans leur foi ont dit : Puisqu'il y a trop d'intermédiaires, supprimons-les en étant nous-mêmes nos intermédiaires au moyen de l'association ? Cette illusion commence à se dissiper, et nous pouvons, sans trop de froissement, demandant pardon à ceux qui se seraient attardés, en montrer le côté défectueux.

Je suppose 200 personnes faisant une Société pour l'exploitation de la boulangerie, et j'admets qu'ils vendront, tant à eux-mêmes qu'au public, pour 100,000 fr. de pain par an; quels seront leurs moyens d'exploitation nécessaires?

En capital : 20,000 fr.

| | |
|---|---|
| Intérêt de ce capital à 5 0/0 . . . . . | 1.000 » |
| 2 garçons boulangers à 1,200 fr. l'un . | 2.400 » |
| 1 » chef ou 1er garçon. .. . . . | 1.500 » |
| 1 commis pour la vente . . . . . . | 1.200 » |
| 1 Comptable ( toute Société exige un contrôle). . . . . . . . . | 1.800 » |
| 1 Commission d'administration de douze membres se réunissant une fois par semaine, soit à 2 heures par membre, cela fait 24 heures par semaine et par an 1,248 heures à 40 cent. l'une. . | 499 20 |
| A REPORTER. | 8.399 20 |

Report. 8.399 20

2 Assemblées par an, location de salle,

à 15 francs . . . . . . . . 30 »

Frais de circulaire et de distribution. . 40 »

Total . . . . . . . 8.469 20

Je suppose que tous les employés sont parfaitement honnêtes, qu'ils exploiteront avec la même énergie, la même intelligence et la même économie que si c'était pour leur compte personnel, et je vais mettre en regard le coût de la même exploitation par un particulier opérant pour son compte, employant le même nombre de bras et faisant la même somme d'affaires :

2 garçons boulangers à 1,200 fr. . . 2.400 »

Le patron, qui ne coûtera pas plus à la maison qu'un garçon . . . . . 1.200 »

La femme, qui est ordinairement chargée de la vente . . . . . . . . 800 »

1 bonne faisant le ménage . . . . . 800 »

Si l'on ajoute l'intérêt du capital, bien que dans la petite industrie cela ne se pratique pas. . . . . . . . 1000 ».

nous arrivons à la somme de . . . . . 6.200 »

C'est un écart, au profit de l'industrie individuelle, de 35 o/o sur les frais généraux, ce qui est largement suffisant pour rendre la concurrence impossible entre ces deux exploitations ; l'une sera infailliblement tuée par l'autre.

En employant le même nombre de bras et en faisant le même chiffre d'affaires, le patron boulanger aura économisé sur l'association 2,269 fr. 20 c., c'est-à-dire 35 o/o des frais généraux.

Je pourrais ajouter, sans exagération, qu'ayant opéré pour son compte à ses risques et périls, son existence et celle de sa famille dépendant de la prospérité de son commerce, il y mettra plus de soins que l'employé qui travaille pour des tiers qu'il quittera si on lui fait des observations.

Voilà la principale cause d'insuccès de la plupart des associations, qui ne peuvent prospérer que par les sacrifices individuels et continus de leurs membres ; quand ces sacrifices se ralentissent, l'entreprise périclite.

Après avoir montré les résultats industriels, il n'est pas inutile d'indiquer le résultat économique.

En augmentant les frais de répartition, le consommateur diminue sa faculté de consommation, puisqu'il fait enchérir les objets de sa consommation et que son salaire reste stationnaire. Or, diminuer la consommation, c'est augmenter les chances de chômage ; car moins l'on consomme et moins il faut produire. C'est donc une illusion de croire que, par l'association et les bénéfices qu'elle doit produire, le travailleur pourra conquérir ce capital qui fait l'homme complètement indépendant ; l'association, ainsi qu'on l'a pratiquée, mène à un résultat diamétralement opposé : le procédé est anti-économique.

Nous avons montré que l'association, telle qu'on l'a pratiquée jusqu'à ce jour, coûte plus cher que le commerce individuel ; nous avons dit que le commerce individuel occupe un trop grand nombre de bras, qui seraient employés plus utilement ailleurs, car ce sont autant de bras parasites qui surchargent la production au détriment de la consommation.

Le commerçant est un intermédiaire nécessaire entre le producteur et le consommateur; mais s'il y en a dix où un seul suffirait, il en résulte que 9 dixièmes sont employés en pure perte, tandis qu'ils pourraient contribuer utilement à la production sociale; ils sont une cause d'appauvrissement quand ils devraient être une cause de richesse.

Nous ne pouvons pas recourir à l'association entendue comme on l'a pratiquée jusqu'à ce jour, puisqu'elle augmente le nombre des intermédiaires et les frais généraux; nous ne pouvons pas recourir à la réglementation qui touche à la liberté et paralyse l'initiative individuelle, source de tous les progrès et de toutes les richesses.

Décupler la production et augmenter sans cesse la fortune publique par tous les procédés que donne la science et l'expérience; assurer la fortune acquise à celui qui l'aura produite; circonscrire, supprimer même l'intervention du parasite qui absorbe une partie de la sève de l'arbre social au détriment des rameaux bienfaisants, tel est le résultat que nous cherchons. Pouvons-nous espérer l'atteindre? Oui, car les producteurs ont en eux-mêmes ce moyen.

Nous avons indiqué plus haut que l'association, ainsi qu'on l'a pratiquée jusqu'à ce jour dans les centres manufacturiers, coûtait plus cher que le commerce individuel, et, d'un autre côté, que le mode actuel livrait le consommateur à la discrétion de l'intermédiaire, cet intermédiaire étant lui-même à la discrétion du capitaliste.

Quel est donc le moyen d'arrêter le développement de ce parasite qu'on appelle l'intermédiaire, lequel grève les produits d'une plus-value considérable sans rien ajouter à leur valeur intrinsèque, détruit ainsi l'équilibre entre le prix de revient et le prix de vente, nuit à la consommation et contribue à diminuer la production.

Dans quelle proportion doit-il être réduit, puisqu'on ne saurait le supprimer complètement, attendu qu'il est une nécessité de l'échange des produits.

Nous ne voulons point de l'interventiou de l'État, nous ne voulons pas de réglementation, nous voulons la liberté entière des individus; nous ne voulons pas même toucher à cette liberté dans leur intérêt : il faut que l'individu ait la liberté même de se nuire. On n'enferme pas le prodigue quand il dissipe la fortune que lui a laissée son père, la société n'intervient que quand il veut toucher à la liberté des autres, nuire à leurs intérêts.

Nous avons montré plus haut que le trop grand nombre d'intermédiaires, en contribuant à la hausse des produits sans rien ajouter à leur valeur intrinsèque, contribuait à en diminuer la consommation; tâchons d'être plus explicite encore si c'est possible, en prenant une comparaison :

L'ouvrier chapelier, qui vient de fabriquer un chapeau, établit son prix de revient à peu près de la manière suivante :

La galette qui en fait la charpente, la peluche qui sert à recouvrir cette galette, les galons qui servent à le border, à l'orner, etc. ; enfin le temps qu'il a mis à fabriquer son chapeau. Cette dernière valeur est déterminée par ce qu'il a consommé durant ce temps, puisque son travail doit couvrir la dépense, sous peine de déficit.

Or, je suppose que quand ce producteur de chapeaux aura additionné tous ces déboursés, le chapeau qu'il aura produit lui coûtera 10 fr. C'est donc 10 fr. qu'il devra le vendre ? Ne croyez point que les choses se passent ainsi, et voyons, en accompagnant le chapeau jusque chez le consommateur, dans quelle condition il lui arrive.

Si le chapeau est destiné à la consommation de l'Amérique, l'exportateur s'en empare, après l'avoir fait acheter par un commissionnaire chez le producteur ou fabricant, le livre ensuite à la maison de gros, qui le vend à la maison de détail, laquelle le livre à la consommation.

Combien ces diverses opérations ont-elles coûté, et de combien a été élevé le prix du chapeau ? Son premier prix de revient était de. . . . . . . . . 10 fr. »

1° Le commissionnaire y a ajouté 10 o/o, soit   I  »

  II  »

L'exportateur, soit bénéfice, soit risques, 20 o/o . . . . . . . . . . . . . 2.20

  13.20

2° L'État américain pour droit d'importation 60 o/o . . . . . . . . . . . . 7.92

  21.12

3° La maison de gros en Amérique, comme tout est très-cher dans ce pays, y ajoutera bien 20 o/o. . . . . . . . . . . 4.22

A REPORTER   25.34

REPORT.    25.34

Le marchand au détail qui, pour attirer la
clientèle, se croit obligé de faire des frais de réclame par la publicité, les affiches, les éclairages
exagérés, les magasins somptueux, et un personnel de vendeurs toujours élégant et qui doit être
convenablement rétribué, pour subvenir à tous ces frais,
couvrir les intérêts de ses capitaux et lui donner des bénéfices, n'exagèrera pas en ajoutant :

4° A l'objet qu'il vend 50 à 60 o/o . . . 12.66

Le prix de vente au consommateur est donc de   38  »

Il en résulte que l'objet qui a coûté 10 fr. au moment où
on l'a mis en circulation, va coûter 38 fr. à celui qui doit
l'user si c'est un Américain, et s'il doit être consommé dans
le pays où il a été produit, on y ajoutera seulement :

Prix de revient . . . . . . . . 10  »
Premier intermédiaire . . . . . . . I  »
2° intermédiaire . . . . . . . 2.20
3°      » . . . . . . . . 6.60
Total. . . . . . . 19.80

Ces deux exemples, pris sur un même objet, montrent
combien il peut se faire d'écart entre le prix de revient et
le prix de vente d'un objet quelconque, car ce qui se passe
par rapport au chapeau s'applique également à tous les
objets qui entrent dans la circulation pour parvenir au
consommateur.

Il en résulte fatalement qu'un objet produit est doublé de
prix par les divers intermédiaires qui se sont donné la
mission de le faire parvenir du producteur au consomma-

teur. Or, si ces effets de l'échange s'appliquent à tous les objets, il en résulte que ces objets sont toujours vendus le double de ce qu'ils valent. La conséquence forcée est que celui qui a produit pour 10 fr. ne peut plus racheter que pour 5 fr., puisque chaque objet est doublé de prix par le fait de l'intermédiaire ; le producteur ayant touché primitivement 10 fr., quand il veut racheter d'autres objets que ceux de sa production, il n'a plus pour ses 10 fr. qu'une équivalence de 5 fr., attendu que les objets qu'il achète ont subi la même augmentation factice que ceux qu'il a livrés lui-même à la circulation en sa qualité de producteur.

La conséquence est que, quand on a produit pour 10, si on ne peut racheter et consommer que pour 5, il y a forcément diminution de moitié dans la consommation, et si nous ne consommons que la moitié de ce que nous avons produit, la privation est le lot nécessaire, forcé, du producteur.

Mais, me dira-t-on, il ne suffit pas de montrer que l'intermédiaire fait payer trop cher le service qu'il rend et contribue, à un certain point de vue, à diminuer la consommation, il faut aussi reconnaître que, sans intermédiaire, les produits ne pourraient pas circuler, que ce qui nous semble un mal serait un mal bien plus grand s'il n'existait pas.

Nous répondrons ce que nous avons déjà dit, que nous ne voulons pas supprimer les intermédiaires, mais en diminuer le nombre, comme chose nuisible aux consommateurs ; que ce qui est utile, nécessaire, pris à faible dose, peut devenir nuisible, être poison, pris avec excès. Mais continuons à rechercher les diverses causes qui contribuent, en surélevant la valeur des produits, à diminuer leur consommation, nous réservant de dire plus loin comment nous entendons remédier au mal.

L'intermédiaire n'est pas la seule cause du mal que nous avons signalé, il en est bien plutôt l'instrument inconscient; il subit lui-même une situation de fait.

Deux autres causes importantes y contribuent : 1° l'Etat, par son organisation coûteuse, pèse lourdement sur le travail, et pour justifier notre dire, disons que, une nation qui produit annuellement pour 15 milliards et a un budget de 3 milliards, consacre le 5$^{me}$ de son produit pour se faire administrer. Une autre cause, et qui semble aussi nécessaire que l'Etat, car elle tient à la nature même du travail, contribue, dans une large mesure, à rompre l'équilibre entre la production et la consommation; le capital qui est indispensable au travail dans tous les actes de la production, tend constamment à l'absorber; il fait ses conditions et obtient toujours une rémunération écrasante pour son associé le travail. Comment déterminer exactement la rémunération équitable de chacun de ces deux agents de la production ?

On a pensé que, pour soustraire le travail au capital, il fallait donner au travailleur le capital nécessaire à son exploitation, afin qu'étant capitaliste et travailleur en même temps, il pût bénéficier des deux éléments de la production ; et pour atteindre ce résultat, on a préconisé l'épargne et la spéculation. Il est bien difficile, si l'on considère la situation du producteur et le mode employé pour faire parvenir le produit du producteur au consommateur, il est bien difficile, dis-je, de critiquer l'épargne, et nous ne pouvons que l'encourager, puisqu'elle est une nécessité de la situation ; mais nous pouvons aussi indiquer ses conséquences au point de vue économique.

L'épargne, c'est l'immobilisation du capital, et le capital immobilisé est une entrave à la production. Il est vrai que les capitaux, qui autrefois étaient immobilisés dans un grand nombre de mains, sont aujourd'hui ramassés par de grandes Compagnies avec un faible intérêt, lesquelles en font le plus souvent un instrument de spéculation sur les valeurs publiques et les denrées, en sorte que ces opérations, au lieu de servir le producteur, tournent à son détriment en augmentant encore la valeur fictive du produit qui est destiné à sa consommation.

Tous les intermédiaires, qu'ils se nomment fonctionnaires, banquiers, industriels ou marchands, donnent au produit une valeur factice ; en sorte que plus vous avez d'intermédiaires, plus le capital est cher, plus l'État est concentré ; et plus ses services sont complexes, plus l'écart est grand entre le prix d'un objet quand il sort des mains de l'ouvrier et le prix du même objet quand l'ouvrier veut le racheter, puisque les dépenses d'État sont prélevées sur le travail national. On a vu plus haut que cet écart peut varier, suivant les cas, de 100 à 400 o/o.

Ne voulant pas faire de vaines déclamations sur les intermédiaires nuisibles et sur leur suppression, puisqu'on ne saurait se passer d'intermédiaires, nous nous bornerons à indiquer aux intéressés, c'est à-dire à tous les consomma=

teurs et producteurs, ce qu'il conviendrait de modifier pour rendre moins coûteux le mode de l'échange.

Pour donner aux producteurs le moyen de se soustraire à l'action du capital, quelques bons esprits ont pensé qu'ils pourraient y parvenir en organisant le crédit au profit des petits producteurs, ou le crédit aux travailleurs; or, le crédit s'obtient par la garantie offerte, et un travailleur sans capital n'offre pas de garantie, si ce n'est une garantie morale: son honorabilité; et s'ils sont un certain nombre se solidarisant, la garantie n'existera pas davantage, puisque une série de rien ne peut point former un capital. La moralité d'un individu est sans doute une garantie; mais pour qu'elle soit réelle aux yeux du prêteur, il faudrait qu'elle puisse se transformer et devenir un fait, et passer en toutes circonstances du moral au matériel. Dans ce cas même, elle cesserait d'être morale et le crédit qu'elle produirait ne serait que proportionnel à la garantie matérielle.

Les banques de crédit aux travailleurs ont été fondées au moyen de petits capitaux recueillis à grand'peine chez les plus favorisés du sort, et il est arrivé pour ces Sociétés ce qui arrivera toujours dans ces sortes d'associations : la petite association exigeant de sa nature des employés, des contrôleurs, des administrateurs, comme pour une grande entreprise. et coûtant plus cher que les entreprises particulières de même nature; comme nous l'avons démontré aux pages 68, 69 et 70, il est arrivé que ces banques ont fait comme les associations de consommation; elles ont sombré après beaucoup d'efforts de la part des fondateurs, laissant des ruines ou des déceptions, ou sont passées entre des mains privées. Celles qui se sont maintenues n'ont pu le faire qu'en faisant payer le crédit plus cher que les autres banquiers.

Les esprits trop prompts à conclure, en voyant le soin que nous prenons pour éliminer les procédés défectueux, se demanderont si les travailleurs doivent éternellement tourner dans ce cercle formé par le capital, qui les enserre de toutes parts et s'empare de leurs moyens à mesure qu'ils les créent. Quelle issue à cette situation ? Que leur reste-t-il ? Doivent-ils abandonner tout espoir d'améliorer leur situation ? Que les lecteurs se rassurent, car si nous indiquons les procédés mauvais ou irrationnels, c'est afin de mieux mettre en relief ceux par lesquels nous conclurons.

Que cherchons-nous ? des garanties pour le travail contre le capital. Nous avons montré que les travailleurs ne pouvaient obtenir cette garantie par l'association de consommation et de production comme on les a pratiquées dans ces dernières années, ni par le crédit, et encore bien moins par des associations sous la direction de l'Etat ; car rien ne coûte plus cher que les services rendus par l'Etat, et rien n'est plus dangereux que l'absorption de l'individu par la collectivité : c'est l'absence de liberté, le retour vers le cloître ou vers les maîtrises du moyen-âge. Et, bien que nous ne repoussions pas d'une manière absolue, les associations qui peuvent quelquefois être utilement employées en les simplifiant, nous devions montrer leur insuffisance à produire une régénération sociale, leur impuissance à donner aux travailleurs ce qu'ils cherchent : l'égalité des conditions avec les capitalistes. Quelque complexe que paraisse le problème, nous ne le croyons pas insoluble, et nous continuons notre étude.

# XVIII. — LE PATRONAT

Dans sa théorie sur la propriété, P.-J. Proudhon conclut
à la suppression de la rente, ou plus exactement à la réduction du taux de l'intérêt, comme moyen d'équilibrer les
deux forces productives : le capital et le travail. Or, on ne
décrète pas, d'une manière efficace, la réduction de la rente,
parce qu'on ne peut pas décréter en même temps que celui
qui aura un capital disponible sera tenu de le prêter. Dans
tous prêts il y a un risque à courir, et c'est ce risque qui
explique l'intérêt du prêt. Si l'on obligeait le possesseur à
prêter sans intérêt, il cesserait d'être maître de son capital,
et la société commettrait une violation de la propriété. S'il
lui est seulement interdit de prêter à intérêt, il ne prêtera
point, afin d'éviter le risque. Une telle mesure serait dan-

gereuse puisqu'elle tendrait à immobiliser le capital et, par conséquent, à entraver la production.

Le vrai moyen de faire baisser le taux de l'intérêt est de rendre (le capital circulant), comme dit Ménier, très abondant, et le moyen de détruire les abus du capital, est de diminuer le nombre des agents qu'il emploie et aussi d'amener cette situation où tous les citoyens soient un peu capitalistes. Or, on est capitaliste toutes les fois que l'on possède son outillage à un degré quelconque; quand on peut exercer son industrie sous sa responsabilité personnelle, et que l'on n'est pas absolument soumis à la dépendance directe d'un capital déterminé.

A chaque crise commerciale, à chaque suspension du travail, ouvriers et fabricants se torturent l'esprit pour en découvrir la cause. On accuse la mode, la politique, les traités de commerce, le trop plein de la production ou le déplacement de l'industrie, etc., etc. Nous pensons que toutes ces causes ne sont qu'accessoires, et que la cause permanente, inévitable, fatale, est dans le manque d'équilibre de la production et de la consommation; et nous voulons rechercher ce qui rompt cet équilibre. Si le producteur, qui a produit 10, ne peut racheter que 5, comme nous l'avons montré plus haut, il est bien évident que sa consommation se trouvera en déficit avec sa production de 50 o/o; que ne pouvant pas racheter l'équivalent de ce qu'il aura produit, il se formera immédiatement dans la société une réserve des produits, laquelle réserve encombrera le marché et amènera la dépréciation du produit en même temps que la dépréciation de la main-d'œuvre, car il faut arrêter la fabrication, quand il y a plus de fabriqué que l'on ne peut vendre ; ce qui ne veut pas dire qu'il n'y a pas de consommateurs, mais seulement des consommateurs impuissants à consommer. Nous avons démontré que cette impuissance provenait de ce qu'on ne donnait pas au producteur l'équivalence de son produit, et que la cause de cette anomalie était dans l'élévation factice du prix de toutes choses, laquelle élévation était causée par le trop grand nombre des intermédiaires.

Si notre raisonnement est juste le remède devra se trouver dans la réduction des intermédiaires.

Nous avons aussi montré que, pour rendre la consommation plus active, il fallait augmenter le nombre des capitalistes, à ce point de vue que l'ouvrier devait posséder ses instruments de travail. C'est un moyen d'en faire un meilleur consommateur et d'augmenter son indépendance.

Une objection que l'on ne manquera pas de nous faire est la suivante : dans la grande industrie, comment l'ouvrier pourrait-il posséder son outillage puisque l'usine est un tout indivis ? Cette objection qui semble capitale de prime-abord, n'est à nos yeux que spécieuse, et notre réponse sera aussi précise que l'objection.

Tout d'abord on ne conçoit pas une usine sans ouvriers, il y a là un fait inévitable ; et nous avons reconnu que le capital était un élément de production et le travail un autre élément non moins indispensable. Or, si ces deux éléments sont indispensables l'un à l'autre pour produire, il en résulte qu'ils ont pour droit et devoir de faire valoir leurs prétentions réciproques, de les discuter et de les déterminer ; que, par conséquent, ils peuvent se refuser un concours réciproque. C'est ce qui se fait quand les patrons réduisent les salaires ou quand les ouvriers font grève pour en obtenir l'augmentation.

Il y a deux forces, deux intérêts en présence. Admettons que le droit du capital est égal à celui du travail, et qu'une usine qui aura coûté 500 mille francs et occupant 100 ouvriers, aura à partager ses bénéfices entre ces deux éléments de production. Dans notre hypothèse, nous ferions la part de chacun de la manière suivante : 1° les frais généraux ; 2° les traitements du patron et des employés, proportionnés aux services qu'ils rendent ; 3° le salaire des ouvriers ; 4° l'intérêt du capital, d'après le cours du taux au moment de l'opération ; 5° le reste des profits, soit le bénéfice net, à partager en deux parts : l'une au travail et l'autre au capital.

Si, en fin d'année, notre entreprise a produit 10,000 fr. de bénéfice net, il reviendra 5,000 fr. à l'usinier qui aura produit le capital, et 5,000 fr. à partager entre les 100 ouvriers de l'usine, c'est-à-dire 50 fr. à chaque ouvrier.

Ce système qui est pratiqué dans quelques grandes maisons avec les ouvriers, l'est aussi par un très-grand nombre d'industries qui l'appliquent à leurs employés et toujours avec le plus grand succès. On pourrait donc s'étonner de ne pas voir se vulgariser un procédé aussi efficace si la cause n'en était connue ; elle se résume en deux mots : égoïsme et ignorance. D'une part, le patron aime à garder tous les bénéfices et à ne point rendre des comptes à ceux qu'il considère comme des inférieurs ; d'autre part, l'ouvrier à qui on aurait fait toucher un dividende une année, s'il se produisait l'année suivante un déficit et l'impossibilité d'une répartition de bénéfices, l'ouvrier admettrait difficilement cette situation variable des affaires, auxquelles il n'est pas suffisamment initié.

Pour arriver à cette entente nécessaire du capital et du travail, il faut développer les connaissances pratiques et théoriques des travailleurs, et élever les vues des patrons. C'est ainsi que l'on fondera la justice en créant l'harmonie entre ces deux éléments de production.

Ajoutons que pour les industries, comme celle de la soierie à Lyon, par exemple, où l'ouvrier est responsable du travail puisqu'il fournit son outillage, la question est bien différente : l'ouvrier lyonnais est un industriel qui doit traiter d'égal à égal avec le négociant qui lui fournit du travail, et tenir compte de ses non-valeurs. Il en est de même pour toutes les industries où l'ouvrier fournit son outillage. Je qualifie ces industries d'industries libres, tandis que pour les autres où l'ouvrier n'est que salarié, c'est-à-dire à la journée ou au mois, je demande la participation des ouvriers aux bénéfices de l'entreprise. Enfin, l'homme est d'autant plus libre qu'il s'éloigne davantage du salarié et qu'il acquiert une plus grande somme de responsabilité. La liberté, l'indépendance, croissent en raison de la responsabilité de l'individu. Le peuple le plus libre est donc celui chez qui le travail est exécuté sous la responsabilité des ouvriers, et le travailleur est d'autant plus indépendant, qu'il est en même temps un petit capitaliste par la possession de son outillage.

## XIX. — COMMERÇANTS ET CONSOMMATEURS

En abordant ce paragraphe qui est la conclusion et le complément de notre travail, nous ne faisons pas seulement de la théorie, nous reproduisons ce que la pratique nous a démontré être vrai, juste et rationnel à la satisfaction de tous les intéressés; mais il faut, pour réaliser les améliorations que nous proposons, que ceux qui voudront y travailler se pénètrent bien de cette pensée :

1º Que rien ne doit être mis en commun en dehors de la famille ;

2º Que livrer à la décision du groupe le mode dont l'individu devra se comporter dans son travail et sa consommation, c'est lui prendre sa liberté, provoquer sa résistance et marcher au despotisme, au despotisme d'en bas, cent fois plus insupportable que le despotisme d'en haut;

3° Que la solidarité ne s'impose pas, et que l'intérêt de l'individu doit seul être mis en jeu quand on a en vue d'améliorer son sort;

4° Qu'il y a plusieurs moyens de réaliser cette amélioration : travailler, dépenser le produit de son travail, éviter les parasites.

Il est facile de concevoir que si un chef de commerce prenait cent commis pour faire un travail que dix suffiraient à faire, ce commerçant se ruinerait rapidement ou éprouverait une gêne continuelle, conséquence naturelle de l'exagération de ses frais généraux. Quant aux employés, étant 10 fois trop nombreux, ils n'auraient à faire que $1/10^e$ de ce qu'ils pourraient faire. Il y aurait donc une perte de $9/10^e$ au détriment du patron.

Si le public, qui se compose de tous les consommateurs, fréquente 10 boulangeries, 10 épiceries, 10 boucheries, 10 cordonneries, etc., dans un même quartier, quand une seule de chacune de ces industries suffirait pour faire le travail, il en résulte que, comme chez le chef de commerce que nous avons cité plus haut, il y en a 9 de trop qui vivent aux dépens de ce bon public qui se plaint toujours, mais ne sait pas appliquer le remède qu'il a dans la main. Que pourrions-nous ajouter de plus? Si le public préfère nourrir 10 personnes pour faire son travail où il lui suffirait d'en nourrir une, il est dans son droit; mais il a tort de se plaindre du préjudice que cela lui cause. On pourra aussi nous répondre : Qu'importe qu'ils soient 10 ou 1 à nous exploiter si, quand il y en aura plus qu'un, le bénéfice est tout pour ce dernier. Ce sera un gros capital, une grosse fortune que nous contribuerons à former, et sans profit pour les consommateurs? Cela est absolument exact si vous laissez à un seul le bénfice qui se partageait entre dix.

Mais si, au lieu de cela, vous fixez vous-même les bénéfices qu'il devra recevoir, en lui assurant ses frais généraux et en le payant à proportion du travail qu'il aura fait, vous aurez réalisé des économies qui tourneront à votre profit. Il est vrai que de telles conditions ne peuvent être acceptées par un commerçant qu'autant qu'on lui assurera un débouché qui lui donnera sécurité et rémunération. Il est donc indispensable qu'il y ait entente entre les consommateurs, pour que leur consommation se concentre sur certains points, ce qui leur permettra d'obtenir les réductions de prix auxquelles ils ont droit. Il faut donc supposer les consommateurs groupés entre eux par 100 ou 1000, en vue d'obtenir les produits divers de leur consommation au meilleur marché possible. Si nous admettons une collectivité de mille personnes qui représenteraient une faculté de consommation mille fois plus grande qu'une seule personne, et que nous admettions également que la consommation en vin pour un individu est de 100 francs par an, mille représenteraient cent mille francs, il devient évident que, quand vous serez en mesure d'assurer au commerçant un tel débouché, il s'empressera de vous livrer ses marchandises avec des bénéfices de 2 ou 3 0/0, au lieu de 20 à 30 0/0 qu'il vous prendra si vous allez isolément lui acheter une pièce de vin chacun; au lieu de mille clients, assurez-lui en

2, 3 ou 4,000, et pour avoir votre clientèle il s'empressera de réduire ses bénéfices à 2 ou 3 0/0, même à vous soumettre ses frais généraux qui seront d'autant moindres que vous lui aurez fait de plus grandes affaires. Et pourquoi ne le ferait-il pas, puisqu'à 2 0/0 de bénéfice net il s'assurerait un profit de 10,000 fr. par an ; vous aurez concentré votre consommation et économisé les 9/10es des bénéfices que font les intermédiaires. Or, si vous consommez 1000 fr. par personne et par an, c'est 270 fr. que vous aurez économisé, et si vous êtes une famille de 4 personnes, ce sera 1080 fr., ce qui est plus que suffisant pour constituer une caisse de retraite pour la vieillesse dont nous parlons à la fin de notre travail.

Dès lors, n'est-il pas certain que les charges qui pèsent sur les consommateurs auront baissé dans la proportion de 9 sur 10 ; que par conséquent, un produit que l'intermédiaire aurait élevé dans son prix de 10 ne sera plus surélevé que de 1, et si le lecteur se reporte aux pages 68, 69 et 70, il reconnaîtra que nos propositions sont suffisamment justifiées.

Je formule ainsi le système que je préconise :

1° Les intermédiaires libres doivent être conservés parce qu'ils coûtent moins cher que les intermédiaires employés par les associations ;

2° On doit leur laisser toute la responsabilité, tous les risques, afin de conserver leur activité et leur dévouement à l'entreprise, à la fonction ;

3° Les frais généraux du commerçant doivent être déterminés d'avance, et la location de son capital doit lui être assurée ;

4° Son salaire doit être proportionné à son travail, par conséquent, être déterminé d'après sa vente.

Si les intermédiaires coûtent aussi cher que nous l'avons indiqué; s'ils sont une des principales causes qui font enchérir les denrées de toutes sortes, si cette augmentation rompt l'équilibre entre la production et la consommation, tous nos efforts doivent tendre à diminuer le nombre des intermédiaires, et si nous voulons que cette diminution profite au consommateur et non aux intermédiaires qui resteront, il sera nécessaire de déterminer la valeur du travail fourni par eux; de plus, pour que cette valeur soit équitablement fixée, il faut qu'elle soit proportionnelle au travail réalisé. Comment sera-t-il possible de déterminer le bénéfice à prélever par l'intermédiaire sur la marchandise ? Par un contrat librement consenti entre consommateurs et intermédiaires. La conséquence d'un tel arrangement serait que, si la consommation annuelle d'un individu est de 800 fr., il économisera 216 fr. sur sa dépense annuelle, soit, pour un chef de famille de 4 personnes, 864 fr. par an, sans s'imposer aucune privation. La conséquence d'une telle réforme ne serait pas de nuire aux intermédiaires, mais d'en supprimer les 9/10ᵉˢ, lesquels deviendraient des producteurs utiles, au lieu d'être des improductifs inutiles.

C'est ainsi que l'on peut, sans toucher à la liberté individuelle et industrielle, sans réglementer le travail, faire des conditions au capital et détruire ce qu'il a d'abusif, réduire les intermédiaires au strict nécessaire et répartir plus équitablement le travail et les produits. Enfin, notre socialisme consiste dans le développement et la division de la propriété;

de même que pour les campagnes on a supprimé la question
sociale, en faisant tous les paysans propriétaires et citoyens,
de même pour les prolétaires et les industriels on la sup-
primera en rendant l'ouvrier propriétaire de son outillage;
et pour les grandes industries mécaniques où l'ouvrier est
réduit à l'état de machine, on devra le rendre participant aux
bénéfices d'une manière proportionnelle aux services qu'il
rendra. En résumé, ce que nous demandons à la République,
c'est qu'elle nous donne l'enseignement laïque primaire,
secondaire et professionnel obligatoires; la liberté d'association aussi large que peut le comporter le respect de la
propriété, et le droit des tiers, le droit de réunion n'ayant
de limite que l'ordre et la sécurité publiques; la liberté de
la parole et de la presse, la justice absolument gratui e à
tous les degrés, la liberté des cultes et leur séparation de
l'Etat. Mais ce qui nous paraît le plus urgent, c'est la transformation de l'école primaire rurale dont il faut faire un
foyer de sciences qui rayonnera dans toute la commune.
Les enfants doivent y trouver les éléments de la science,
mais les adultes doivent y trouver des notions de tout ce
qui intéresse leur culture, soit au moyen de causeries, de
conférences faites les jours de vacance, jeudi et dimanche,
par l'instituteur et l'institutrice, et des livres formant une
bibliothèque communale mise à la disposition des habitants,
dont l'instituteur sera le conservateur. Nous devons élever
une chaire qui éclaire à côté de la chaire qui obscurcit; faire
rayonner la science afin d'étouffer pour toujours l'incrédu-
lité et l'ignorance; la décentralisation de l'autorité, en
dépouillant l'Etat de toutes les attributions qui peuvent être

exercées par le département et la commune ; instruire et diviser les responsabilités, afin d'agrandir et de fonder sur une plus large base notre gouvernement de liberté ; et si nous complétons ces réformes par la vulgarisation des caisses de retraite, déjà pratiquées par quelques groupes de travailleurs, nous aurons indiqué des améliorations sociales importantes, ne dépendant que de l'initiative des travailleurs eux-mêmes, pouvant leur rendre les plus grands services sans toucher à leur liberté.

Ces caisses de retraite se forment par un droit d'admission, qui varie suivant l'âge du récipiendaire. Si à 20 ans l'on donne 2 francs de réception, à 25 ans 4 fr., à 30 ans 6 fr., et ainsi jusqu'à 40 ans, limite passée laquelle on ne pourra être reçu sociétaire, car il n'est pas temps de se créer une retraite quand on est sur le bord de la tombe ; si à ce premier fonds on ajoute un versement de 1 ou 2 fr. par mois, on arrive à former, avec l'aide de la capitalisation, un fonds qui doit être déclaré inaliénable, insaisissable, et dont les intérêts serviront aux retraites de ceux qui auront atteint la limite d'âge, qui, d'ordinaire, est fixée à 60 ou 65 ans. Ces retraites doivent être proportionnées aux versements faits par le pensionné. Nous croyons qu'il serait bon de fixer un minimum de versement, mais de laisser une grande latitude pour le maximum ; de plus, un tel groupe doit avoir la faculté de posséder et d'administrer son bien, sans quoi tout tombe dans la confusion et l'arbitraire. C'est une clause nouvelle à introduire dans la législation sur les associations.

# TABLE



619. — Lyon. - Imprimerie A. Waltener et Cⁱᵉ, rue Bolle-Coillière, 14.

www.ingramcontent.com/pod-product-compliance
Lightning Source LLC
Chambersburg PA
CBHW061352060726
47597CB00003B/844